«LE RIRE INEXTINGUIBLE
DES DIEUX»

« LE RIRE INEXTINGUIBLE DES DIEUX »

Bernard BAAS

PEETERS
VRIN

ISBN 90-429-1264-2 (Peeters Leuven)
ISBN 2-87723-704-4 (Peeters France)

D. 2003/0602/24

© Peeters, Bondgenotenlaan 153, B-3000 Leuven, 2001.

TABLE DES MATIÈRES

«LE RIRE INEXTINGUIBLE DES DIEUX»

Ouverture

Dans son célèbre ouvrage sur le rire, Bergson ne manque pas de commencer par l'exemple emblématique du risible: «Un homme, qui courait dans la rue, trébuche et tombe; les passants rient»[1]. À lui seul, ce "cas" — on ne saurait mieux dire — suffit à la démonstration: est risible tout ce qui implique une dégradation de la vie — notamment la vie proprement humaine — à la mécanique d'un corps sans âme; «du mécanique plaqué sur du vivant»[2]. Et, assurément, le ridicule d'une telle chute est d'autant plus patent qu'il concerne quelque «coureur d'idéal»; aussi bien Bergson précise-t-il, en référence à un "exploit" de Don Quichotte: «Sans doute une chute est toujours une chute, mais autre chose est de se laisser choir dans un puits parce qu'on regardait n'importe où ailleurs, autre chose y tomber parce qu'on visait une étoile»[3].

Fallait-il que le "grand philosophe français" — comme on disait alors — ait craint de flétrir l'image respectable de sa propre discipline, pour préférer la figure un peu facile du héros de Cervantès à celle, pourtant mieux adaptée ici, de Thalès?... On connaît l'anecdote que rapporte Platon: Thalès, le regard fixé sur les étoiles, chuta dans un puits; ce qui fit éclater de rire une jeune servante: voilà un sage qui prétend connaître le ciel et qui ignore ce qui se passe à ses pieds! Platon ajoute: «Cette plaisanterie s'applique à tous ceux qui

---

[1] H. Bergson, *Le rire, essai sur la signification du comique,* éd. P.U.F., Paris, 1940, p. 7.

[2] *Ibid.,* p. 29.

[3] *Ibid.,* p. 10.

passent leur vie à philosopher»[4]. C'est, en effet, le rire et la raillerie qui attendent immanquablement le philosophe lorsqu'il retourne, tout ébloui, dans la caverne, puisqu'il paraît alors incapable d'y trouver ses repères[5]. Ce qui fera dire à Hegel, évoquant l'histoire de Thalès, que si les gens qui se moquent ainsi des philosophes n'ont pas à craindre une semblable raillerie en retour, c'est qu' «ils ne peuvent certes tomber dans une fosse pour la bonne raison qu'ils y sont une fois pour toutes, étant incapables de regarder ce qui est plus élevé»[6]. La leçon est claire: le ciel, le divin, donc le suprasensible ne saurait prêter à rire.

---

[4] Platon, *Théétète,* 174 ab; traduction A. Diès, éd. Les Belles Lettres, Paris, 1924, p. 205. Platon poursuit: «Quand, dans le tribunal ou ailleurs, il lui [au philosophe] faut, contre son gré, traiter de choses qui sont à ses pieds, sous ses yeux, il prête à rire non point seulement aux femmes Thraces, mais à tout le reste de la foule, de puits en puits, de perplexité en perplexité, se laissant choir par manque d'expérience, et sa terrible gaucherie lui donne figure de sot. [...] Aussi demeure-t-il à court et apparaît ridicule» (*Ibid.,* 174 cd).

[5] Cf. Platon, *République,* VII, 517 a.

[6] G.W.F. Hegel, *Leçons sur l'histoire de la philosophie,* Première partie, I, chapitre 1, A, traduction P. Garniron, éd. Vrin, Paris, 1971, tome 1, p. 43. Hannah Arendt rapporte également l'anecdote de Thalès et de la jeune servante thrace; elle conclut, non sans humour: «Et puisque les livres, comme on sait, ne sont pas écrits par les paysannes, la rieuse enfant thrace a dû se laisser dire encore par Hegel qu'elle n'avait vraiment aucun sens pour le haut» (H. Arendt, *Martin Heidegger a quatre vingts ans,* in *Vies politiques,* traduction B. Cassin et P. Lévy, éd. Gallimard-collection "Tel", Paris, 1974, p. 318). Elle ajoute ce commentaire: plus risible encore que la mésaventure de Thalès aurait dû paraître à tous l'entreprise incroyable de Platon, se rendant auprès du tyran de Syracuse pour lui enseigner les mathématiques comme propédeutique à la philosophie, afin «d'aider le tyran à prendre la bonne voie»... Reste à savoir à quoi pouvait songer Arendt lorsqu'après cette évocation de l'aventure de Platon en Sicile, elle conclut par cette remarque — somme toute assez injuste pour "les penseurs" —: «À quoi le rire est bon, les hommes ne l'ont visiblement pas encore découvert — peut-être parce que leurs penseurs, qui depuis toujours ont été portés à médire du

Aussi bien Platon jugeait-il attentatoire à l'image et à l'idée de la divinité qu'on pût aller jusqu'à prêter aux dieux eux-mêmes une propension au rire. C'est pourquoi il condamne Homère d'avoir osé évoquer «le rire inextinguible des dieux»[7]. Car rien n'est plus contraire à l'idée de la divinité que de se laisser emporter par les spasmes et les convulsions d'un rire incoercible. C'est le corps qui rit; c'est la chair sensible qui se secoue sous l'empire d'un obscur mécanisme diaphragmatique, comme l'explique Aristote dans son exposé sur la fonction des viscères[8], et qui produit involontairement un cri dépourvu de sens, une «voix inarticulée et éclatante», dira Descartes[9]; tout le contraire de la *phonè sémantikè*. Le rire est viscéral. Si donc l'Olympe doit être tenu pour le lieu du divin, le lieu de la vérité suprasensible, alors rien ne saurait y prêter à rire: on ne rit pas dans l'Olympe, on ne rit pas de l'Olympe. Et si la dignité de l'homme tient à la part qu'il peut prendre au suprasensible — sa part spirituelle, divine —, alors rien n'est plus indigne de l'homme que de s'abandonner au rire. Car c'est se livrer à sa part animale.

Pourtant, l'expérience le montre: «l'homme est le seul animal qui rit»[10]. Certes, l'homme, et non les dieux. Mais pas non plus les autres animaux. Il faut donc bien que le rire participe d'autre chose que de l'animalité. Ce ne sont pas seulement les chatouillements de telle ou telle partie du corps

rire, ont délaissé la question du rire, bien que parfois, ici ou là, l'un d'eux se soit creusé la tête sur ses occasions immédiates» (*Ibid.*).

(7) Cf. Platon, *République,* III, 389 a (la citation d'Homère est extraite de *Iliade*, I, 599); traduction. E. Chambry, éd. Les Belles Lettres, Paris, 1932, tome VI des *Œuvres Complètes* de Platon, p. 96.

(8) Cf. Aristote, *Parties des animaux,* III, 10, 673 a.

(9) Descartes, *Passions de l'âme,* art. 124, *"Du ris ".*

(10) Aristote, *Parties des animaux,* III, 10, 673 a; traduction P. Louis, éd. Les Belles Lettres, Paris, 1956, p. 97. Cf. aussi Rabelais, *Gargantua,* "Aux lecteurs": «Mieux est de ris que de larmes écrire, pour ce que rire est le propre de l'homme».

qui produisent, par réflexe, les spasmes du rire. C'est bien plutôt une certaine manière de juger de ce qui se présente à
nous: des situations, des propos, des représentations. Et cette
même activité de jugement nous permet aussi d'associer des
actes, des images, des idées, des mots, pour produire le rire:
farces, blagues, facéties, plaisanteries, boutades…. Tout cela
ressortit bien à l'activité de l'esprit. Et, certes, si étymologiquement le terme d'*humour* a bien à voir avec l'*humeur* (c'est-
à-dire avec quelque sécrétion organique), ce n'est pas sans
raison qu'avoir *de l'esprit* est réputé la première condition
d'un bon humour. Le rire n'est pas seulement un ébranlement
du corps; il est aussi un acte de l'esprit.

Sans doute Platon n'a-t-il pas ignoré cette part que le jugement prend au rire. Sinon, il n'aurait pas mis tant de soins à
condamner les discours — notamment la poésie comique —
qui visent à provoquer le rire. Mais sans doute aussi a-t-il dû
apercevoir quelque secrète puissance du rire, une puissance
d'excès qui pourrait menacer, sur son terrain même — celui
de l'esprit —, la souveraineté de la pure vérité suprasensible:
une autre puissance de vérité ou la puissance d'une autre
vérité, outrepassant la pure spiritualité du *logos philosophikos*.
Quelle est donc cette puissance du rire? De quel excès le rire
peut-il menacer la sublimité suprasensible des idées? De quelle
vérité est-il assez puissant pour se répandre souverainement
jusqu'à l'Olympe? Qu'est-ce donc que ce rire homérique, ce
rire franc, éclatant, irrépressible, qui peut à ce point troubler
la sérénité sérieuse — et non rieuse — du philosophe?

* *
*

Sagesse contre rire (Platon et les classiques)

Assurément, il n'y a de rire que par et dans sa manifestation
sensible; quelles que soient ses causes et ses circonstances,

il apparaît d'abord comme un ébranlement complet du corps:
convulsions du ventre, tremblements musculaires, spasmes
respiratoires, secousses de la tête, mouvements frénétiques
des membres….; et surtout une déformation du visage:
les traits se contractent, les yeux sont exorbités et larmoyants,
le nez est aplati par le retroussement de la lèvre supérieure…
Cela suffirait à dire que le rire abolit ce que le corps peut avoir
de spécifiquement humain, pour le dégrader au niveau du
corps d'un animal sauvage ou enragé. Le rire substitue la lai-
deur à la beauté. Mais, par dessus tout, le rire déforme la
bouche — habituellement l'organe de profération de la
pensée —, qui s'ouvre alors, comme la gueule d'un animal
avide, en un rictus énorme et indécent, en produisant des sons
inarticulés. À les prendre au sens propre, les formules-mêmes
par lesquelles on signifie habituellement l'éclat de rire attes-
tent cette dégradation de l'homme à l'animalité: "se poiler",
"se bidonner", "se tordre" (comme un bossu ou comme
une baleine[11]), "se taper les cuisses", "se fendre la gueule",
"se pisser dessus"…! On comprend que Platon juge «inad-
missible qu'on représente des hommes dignes d'estime (*axious
logou*) dominés par le rire»[12]. Par toutes ses manifestations,
le rire s'apparente, en effet, à une possession, un délire,
une ivresse, où la raison abdique tout contrôle: «si l'on se livre
à un rire violent, cela entraîne un changement également

---

[11]) Le *Dictionnaire des expressions et locutions* d'Alain Rey et Sophie
Chantreau (éd. Le Robert, Paris, 1993) indique que l'expression "se tordre
comme un bossu" peut certes renvoyer à l'humeur sarcastique des bossus
(dont Scarron est sans doute le meilleur exemple), mais qu'elle concerne
plus probablement la déformation du corps: "rire comme un bossu" serait
se tordre comme lui. Le même *Dictionnaire* (p. 50) indique que "rire comme
une baleine" fait allusion à «l'ouverture impressionnante de la bouche du
cétacé»; "se tordre comme une baleine" renvoie bien évidemment aux mouvements de l'animal, mais peut-être aussi à la baleine du parapluie retourné.

[12]) Platon, *République,* III, 388 e-389 a; p. 95 (traduction modifiée).

violent dans l'âme»[13]. Incapable de résister à la tempête qui l'emporte, l'âme ne se domine plus elle-même: le rire est l'humiliation du *logos*. Aristote le confirmera: dans le rire, «la pensée se meut contre la volonté»[14]. Désordre du corps et désordre de la pensée: le rire est comme une maladie où l'on ne s'appartient plus à soi-même, où l'on est possédé par une obscure puissance. En un mot: une folie. Et aussi bien n'est-ce pas sans raison que le rire le plus débridé, le rire inextinguible, — bref, le rire *kat'exochèn,* est appelé le "fou rire". Et la maladie est contagieuse: "plus on est de fous, plus on rit". C'est que le rire est plus que simplement "communicatif"; il est par lui-même facteur de son propre redoublement: on peut rire sans autre raison que le rire d'un autre; *a fortiori* on rit d'autant plus intensément qu'on partage la compagnie d'autres rieurs. C'est l'assemblée des dieux toute entière, telle une assemblée de fous ou d'ivrognes (dans la scène de l'*Iliade,* les dieux partagent alors le nectar), qui éclate de ce rire que Platon reproche à Homère d'avoir osé *représenter.*

La condamnation platonicienne porte donc d'abord sur la représentation du rire en tant qu'elle donne une image dégradante d'êtres qui, par leur nature même, devraient au contraire inspirer l'admiration et le respect: si cela est vrai des hommes dignes d'estime, c'est «encore plus» vrai des dieux[15]. C'est que le dieu, comme Platon s'est appliqué à le montrer dès le début de ce procès de la poésie imitative, est un «être simple»[16] et «absolument parfait»[17] qui, comme tel, ne saurait changer de forme ni par lui-même, ni sous l'effet de quelque puissance. Cette perfection immuable du divin ne peut donc que participer de la perfection immuable de ce qu'il

([13]) *Ibid.,* 388 e.
([14]) Aristote, *Parties des Animaux,* III, 10, 673 a; p. 97.
([15]) Platon, *République,* III, 389 a; p. 95.
([16]) *Ibid.,* II, 380 d; p. 85.
([17]) *Ibid.,* 381 d.

y a de plus beau et de plus vrai: l'idée. Le divin procède du suprasensible. Dès lors, produire l'image de dieux s'abandonnant au rire, c'est non seulement donner une figuration sensible à ce qui excède, en beauté et en vérité, le sensible; c'est aussi contredire leur perfection en les soumettant à des transports d'ivresse et des influences sensibles. Même blasphème dans la comédie qui ose représenter Socrate, cet homme vraiment divin, sous les traits d'un bouffon ridicule; le crime d'Aristophane (dans les *Nuées*) redouble la faute d'Homère. Mais la condamnation platonicienne n'est pas qu'une affaire de *représentation* : ce ne sont pas seulement les poètes qui sont bannis de la cité, mais c'est le rire lui-même, s'agissant au moins de la classe des gardiens qui doivent être, eux, de tels hommes dignes d'estime: «Il ne faut pas que nos gardiens soient portés à rire»[18]. Et aussi bien, le livre X, reprenant le procès de la poésie imitative, répète également cette condamnation du rire, allant jusqu'à interdire qu'on cherche à faire rire autrui, puisque c'est se comporter d'une manière aussi méprisable que celle d'un «bouffon» (*bômolochos*) ou d'un «faiseur de comédie «(*kômôdopoios*)[19]. Car faire rire est un plaisir pervers qui consiste toujours en moquerie ou en raillerie. Le *Philèbe* explicitera cette critique du plaisir de la moquerie et donc des comédies[20]: si se moquer d'autrui est prendre plaisir à son défaut ou son malheur, c'est qu'on se réjouit de n'être pas soi-même affecté de ce défaut ou de ce malheur: il y a toujours une part d'envie dans la moquerie. Descartes aussi soulignera cette perversité de la moquerie: elle est «une espèce de joie mêlée de haine»[21], quelque chose comme ce que la langue allemande appelle *Schadenfreude,* la joie maligne

---

[18] *Ibid.,* III, 388 e; p. 95.

[19] *Ibid.,* X, 606 c; tome VII-2, p. 101 (traduction modifiée).

[20] Platon, *Philèbe,* 48 a-50 d.

[21] Descartes, *Passions de l'âme,* art. 178.

prise au malheur d'autrui. Le railleur, le bouffon, est un envieux (littéralement, le *bômolochos* est celui qui se tient en attente pour tirer profit d'une situation). Or, précise Platon, l'envie procède d'un manque, donc d'une souffrance. Si donc le plaisir de la moquerie implique toujours l'envie, alors il s'agit bien d'un plaisir impur, pervers. Et si cette moquerie est dirigée contre nos amis, alors elle est, de surcroît, une injustice, puisqu'elle est une manière de vouloir leur malheur[22]. Le rire est donc à tous égards condamnable: dans sa manifestation sensible, il est une dégradation du corps; dans son principe psychologique, il est une perversion de l'âme.

*

Reste que Platon lui-même ne s'est pas privé de solliciter le rire de ses lecteurs. Et, sans même parler des bouffonneries de cette sorte de comédie philosophique qu'est le *Banquet*, on peut dire qu'il a mis un certain talent dans l'usage de la dérision aux dépens de ses adversaires. Certes, il aura aussi déployé la force de la dialectique pour contrer les arguments de la sophistique; mais il lui importait de tourner en ridicule la prétention d'Hippias, la suffisance d'Euthyphron, la naïveté de Gorgias..., allant même jusqu'à pasticher le style d'Homère pour caricaturer la réunion des sophistes, dans le *Protagoras*[23]. Et, à en croire le témoignage des *Dialogues,* l'ironie maniée par Socrate lui assurait de mettre les rieurs de son côté pour que fussent publiquement dégonflées les baudruches de la cité. Manière peut-être encore philosophique de faire comprendre aux vaniteux qu'ils manquent à l'exigence du "connais-toi toi-même"[24]. C'est que — même si Platon ne

---

[22] Platon, *Philèbe,* 49 d.

[23] Platon, *Protagoras,* 314 c-316 a.

[24] Cf. Platon, *Philèbe,* 48 c, qui définit explicitement le ridicule par opposition à l'injonction delphique: «La nature du ridicule [...] est un vice, mais qui emprunte son nom à une disposition spéciale; c'est, dans le

le reconnaît pas comme tel — le rire a une vertu correctrice: il rappelle le prétentieux à un peu d'humilité; et de façon générale, il amène celui qui en fait les frais à prendre conscience de son défaut. C'est la vertu habituellement reconnue à la comédie: *ridendo castigat mores,* elle corrige les mœurs par le rire.

Cette fonction correctrice du rire est donc une fonction sociale. Et, pour Bergson, elle procède de la logique même du rire. En effet, le rire advient lorsque, dans un comportement (du corps ou de l'esprit), se manifeste une automaticité contraire à la vigilance, à la maîtrise et à la faculté d'adaptation qui seraient pourtant requises par la souplesse et l'élasticité nécessaires à la vie. Cette automaticité est ainsi une sorte de mécanique figée qui vient se substituer à la dynamique du vivant. Elle est une raideur du corps, de l'esprit ou du caractère, que la société réprouve parce qu'elle attend de ses membres «la plus grande élasticité et la plus haute sociabilité possibles»: «cette raideur est le comique, et le rire en est le châtiment»[25]. C'est une telle raideur mécanique qui rend risible la simple chute du passant. C'est elle aussi qui affecte la démarche d'Héphaïstos — «l'illustre boiteux», comme dit Homère[26] —, lorsqu'il s'avance, cérémonieusement, parmi les autres dieux. Mais si ceux-ci laissent alors éclater leur rire, c'est surtout de voir l'un des leurs, contraint par les circonstances, *déchoir* au rang de simple serviteur. Aussi bien Bergson peut-il expliquer que le ridicule concerne tout homme dont le comportement manifeste, par l'effet d'un automatisme, une importance moindre que celle qu'il

---

vice en général, la partie qui s'oppose directement à la disposition recommandée par l'inscription de Delphes, […] le "connais-toi toi-même"» (traduction A. Diès, éd. Les Belles Lettres, Paris, 1966, p. 63).

[25] Bergson, *Le rire,* p. 16.

[26] *Iliade,* I, 607.

s'attribue à lui-même: ainsi l'homme de petite taille qui, machinalement, se baisse pour passer sous une grande porte[27]; de même l'homme cérémonieux, par la seule répétition mécanique de ses gestes, devient comique[28]; et, en général, l'homme vaniteux, qui se gonfle d'importance, devient risible lorsqu'est rendue patente la raideur de son attitude suffisante: «le défaut essentiellement risible est la vanité» et le rire en est «le remède spécifique»[29]. C'est pourquoi le procédé le plus constant de la comédie est de rendre risibles les défauts en leur donnant un tour mécanique: la pingrerie constante d'Harpagon, les maladresses répétées de Lélie, la raideur vertueuse d'Alceste, les distractions incessantes de Ménalque…. Et c'est aussi pourquoi la caricature et la satire s'exercent surtout contre les "grands", contre tous ceux qui peuvent s'enorgueillir de leur position sociale, en exagérant jusqu'à l'automatisme naturel les traits de leur caractère et parfois même les traits de leur visage (comme le font les caricatures des *Parlementaires* par Daumier). Tourner quelqu'un en dérision, c'est le faire tomber de la hauteur où il croyait se tenir: on rit toujours de ce qui chute, de ce qui choit ou déchoit. C'est en quoi «le rire est, avant tout, une correction»[30].

Mais c'est aussi bien dire que le rire est une humiliation pour celui qu'il corrige; humiliation blessante, parfois à tel point qu'on dit du ridicule qu'il tue, lorsque celui qui en est la victime ne se relève pas d'avoir été la risée de tous. *A contrario,* le rire assure au railleur une manière de supériorité. Platon n'avait sans doute pas tort de souligner la part d'envie dans la moquerie; c'est que le railleur croit pouvoir s'élever à proportion de la hauteur dont il fait choir sa victime. C'est pour

---

(27) *Le rire,* p. 134.
(28) Cf. *Ibid.,* pp. 34-35.
(29) *Ibid.,* p. 133.
(30) *Ibid.,* p. 150.

lui une façon de se dire: moi, je ne tombe pas, je ne m'illu-
sionne pas sur mon importance, je n'ai pas de tels défauts (ou,
tout au moins, pas autant). Que le rire soit alors nuancé par
telle ou telle intonation (un rire mordant ou un rire malicieux),
qu'il s'accompagne de tel ou tel regard expressif (arrogant,
méchant, ou au contraire indulgent, voire complice), cela ne
change rien à sa condescendance: on prend toujours de haut
celui dont on se moque. C'est pourquoi on peut user du rire
pour assurer sa victoire sur l'autre: "rira bien qui rira le dernier". Et l'on peut même y recourir pour échapper soi-même
à l'humiliation: c'est le "rire jaune" de qui fait mine de partager le rire de ceux qui le raillent, comme pour se ranger du
côté des rieurs, donc des vainqueurs.

*

Le rire est ainsi, pour le rieur lui-même, l'expression de sa
supériorité. Mais, cette supériorité étant acquise par l'humiliation d'autrui, elle est à la fois mesquine et illusoire: mesquine, parce qu'on profite d'un défaut d'autrui; illusoire,
parce qu'on ne donne pas les signes positifs de sa propre
grandeur. C'est le sens de la critique du rire dans la psychologie classique, notamment chez Hobbes qui réunit en une
même définition la part somatique et la part psychologique
du rire: «La soudaine glorification de soi est la passion qui
produit ces grimaces qu'on appelle le rire»[31]. Si cette passion peut advenir à l'occasion d'une action dont on tire soudainement plaisir, sa cause la plus fréquente tient à ce que
«on aperçoit chez autrui quelque disgrâce en comparaison de
quoi on s'applaudit soudain soi-même»; et, en ce sens, elle
est une «vaine glorification» qui témoigne d'une «petitesse
d'esprit» et qui affecte surtout «ceux qui sont conscients de

---

[31] Hobbes, *Léviathan*, chapitre VI, traduction F. Tricaud, éd. Sirey, Paris,
1971, p. 53.

posséder le moins d'aptitudes et qui sont obligés, pour conti-
nuer à s'estimer, de remarquer les imperfections des autres»[32].
Sans doute Descartes est-il plus nuancé, puisqu'il admet
qu'on puise recourir à la «raillerie modeste» qui corrige uti-
lement les vices en les faisant paraître ridicules[33]; mais, précise-t-il, il faut alors s'abstenir d'en rire soi-même. C'est que
le rire, comme le montrait déjà Platon, n'accompagne jamais
une joie pure: «les grandes joies sont ordinairement mornes
et sérieuses, et il n'y a que les médiocres et passagères,
qui soient accompagnées du ris»[34]; et, le plus souvent, cette
médiocrité tient à ce que cette joie est alors mêlée de haine,
en sorte qu'on prend plaisir à voir «quelque petit mal en
une personne qu'on en pense être digne»[35]; un petit mal
seulement, parce qu'il faudrait être soi-même d'un «fort mauvais naturel» pour se réjouir d'un grand mal. C'est pourquoi
Descartes observe-t-il également que les hommes les plus
portés à la moquerie sont les plus imparfaits; car «désirant
voir tous les autres aussi disgraciés qu'eux, ils sont bien aise
des maux qui leur arrivent, et ils les en estiment dignes»[36].
De même Spinoza, associant la raillerie à l'envie, au mépris
et à la vengeance, la condamne comme l'une de ces affections
qui, parce qu'elles se ramènent à la haine ou en naissent, ne
peuvent être que «choses mauvaises»[37]. C'est dire que le rire
qui accompagne la moquerie procède toujours, plus ou moins
secrètement, de quelque aigreur ou de quelque ressentiment.
Le rieur porte en lui une tristesse qui ne veut pas s'avouer et
une bassesse qui ne se connaît pas elle-même.

---

(32) *Ibid.,* p. 54.
(33) Descartes, *Passions de l'âme,* art. 180.
(34) Descartes, *Lettre* à Élisabeth, 6 octobre 1645.
(35) *Ibid.,* art. 178.
(36) *Ibid.,* art. 179.
(37) Spinoza, *Éthique,* Livre IV, proposition 45, corollaire 1; traduction
Ch. Appuhn, éd. Vrin, Paris, 1983, tome 2, p. 91.

Même si elle suit ses détours propres, cette critique du rire par la psychologie classique ne contredit pas la condamnation chrétienne du rire. Le rire est, physiquement et moralement, laid: il ébranle le corps et déforme les linéaments du visage; et il procède d'une disposition malveillante. Les Pères de l'Église n'ont pas manqué de souligner que, dans les *Évangiles,* le Christ ne rit jamais; ainsi, Jean Chrysostome: «Vous qui riez, dites-moi: où avez-vous vu que Jésus-Christ vous ait donné l'exemple? Nulle part»[38]. Ils ajoutaient que cela eut été strictement contraire à sa nature divine, alors même que d'autres passions humaines avaient pu l'affecter — y compris la colère — sans contredire cette nature. Ils pouvaient en conclure: «Le Seigneur a condamné ceux qui rient en cette vie. Il est donc évident qu'il n'y a jamais pour les chrétiens de circonstance où ils puissent rire»[39]. Saint Augustin répétait la condamnation sur un mode plus philosophique: «Je vous demande de donner à la raison le pas sur le rire; car rien n'est plus honteux qu'un rire»[40]. Et saint Ambroise allait jusqu'à reprendre le ton biblique de la malédiction pour déclarer: «Malheur à vous qui riez, car vous pleurerez»[41]. On comprend que la fameuse règle de saint Benoît prescrive explicitement comme «*instruments*» de la bonne conduite du chrétien de «ne pas prononcer de paroles vaines ou provoquant au rire» et de «ne pas aimer le rire excessif ni qui secoue tout l'homme»[42]. Elle ajoute que l'humilité monastique implique de «ne pas avoir le rire facile et prompt»[43], car il est un signe de folie, ainsi que l'affirment les Écritures: «L'insensé élève

---

[38] Saint Jean Chrysostome, *Commentaires sur l'Épître de saint Paul aux Hébreux.*

[39] Saint Basile, *Petites règles,* 31.

[40] Saint Augustin, *Contre les Académiciens,* I, 5.

[41] Saint Ambroise, *De officiis,* I, 23; cf. aussi *Évangile de Luc,* VI, 25.

[42] *Règle de saint Benoît,* chap. IV, *Instr.* 52 & 53.

[43] *Ibid.,* chap. VII.

sa voix dans le rire»[44]. Certes, Pascal, pour se justifier d'avoir employé la raillerie contre certaines publications jésuitiques, rappelle que ces mêmes Pères de l'Église avaient estimé que la moquerie pouvait être «une action de justice» et qu'elle était même un devoir pour autant qu'elle sert à dénoncer la vanité: «Rien n'est plus dû à la vanité que la risée; et c'est proprement à la Vérité qu'il appartient de rire, [... ce qui implique] que les railleries ne soient pas basses et indignes de la Vérité»[45]. Mais assurément Pascal ne cherchait pas par là à exalter le rire éclatant et inextinguible; il s'en tenait plutôt à ce que Descartes appelait la «raillerie modeste», dont on a vu qu'elle exclut justement l'éclat de rire. S'il peut sourire — plus que rire — de la vanité de ceux qui se gonflent de leur prétendue grandeur, jamais le chrétien ne s'autoriserait à rire de l'humiliation de son prochain; *a fortiori* s'il s'agit de l'humiliation du Christ[46]. A cet égard, rien de plus antinomique que la scène homérique où les dieux s'esclaffent à voir l'un des leurs déchoir au rôle d'échanson et la scène évangélique où les apôtres se figent en componction devant le Christ s'abaissant à leur laver les pieds. On rit au banquet de l'Olympe; mais pas à la table du Seigneur.

*

On comprend alors que Baudelaire ait pu juger proprement chrétienne cette maxime anonyme: «Le sage ne rit qu'en tremblant»[47]. Sans doute ce sage aurait-il pu s'apparenter

[44] *Ecclésiastique,* XXI, 20.

[45] Tertullien, cité par Pascal, in *Provinciales,* XI, *Œuvres Complètes,* éd. du Seuil, Paris, 1963, p. 421.

[46] Cf. Pascal, *Ibid.,* p. 422: «quand on est obligé d'user de quelques railleries, l'esprit de piété porte à ne les employer que contre les erreurs, et non pas contre les choses saintes».

[47] Baudelaire, *Curiosités esthétiques,* VI: *De l'essence du rire, et généralement du comique dans les arts plastiques,* II, in *Œuvres Complètes,* éd. "La Boétie", Paris, 1948, tome 2, p. 222.

aussi à quelque tradition platonicienne. Mais si Baudelaire identifie ici le sage et le saint, c'est pour signifier ce qui, dans le rire, fait strictement opposition aux vertus chrétiennes d'humilité et d'amour du prochain. Car si l'on peut se croire fondé à railler ceux qui se croient eux-mêmes supérieurs, la supériorité que le rieur entend par là affirmer est elle aussi illusoire. Et cette supériorité n'est pas seulement un effet du rire; elle est déjà le préjugé que présuppose le rire comme sa condition de possibilité: «Le rire *vient de* l'idée de sa propre supériorité. Idée satanique s'il en fut jamais!»[48]. Satanique, en effet, parce que cette idée exclut toute bienveillance; elle procède au contraire de la cruauté. Et cette cruauté est déjà secrètement à l'œuvre dans le rire le plus anodin, comme lorsqu'on s'esclaffe de la chute d'un passant. Sans doute cette cruauté est-elle strictement contraire au sentiment de pitié. Mais on ne saurait dire, comme le prétend Bergson, que le rire implique insensibilité et indifférence[49]. Le rieur n'est pas insensible au malheur d'autrui; il ressent bien la pitié que ce malheur inspire; mais, justement, il jouit de ne pas s'abandonner à cette faiblesse du sentiment et croit affirmer sa force et exalter sa supériorité en libérant son rire. La cruauté du rire implique toujours la croyance du rieur en sa propre supériorité. Bergson lui-même semble avoir beaucoup ri en entendant un cocher traiter de «"mal lavé" le client nègre assis dans sa voiture»[50]! On a l'humour de ses préjugés… Et, en l'occasion, n'était-ce pas qu'aux yeux du rieur un nègre fût

---

[48] *De l'essence du rire*, III, p. 223.

[49] Cf. Bergson, *Le rire*, p. 3.

[50] *Le rire*, I, 5, *op. cit.*, p. 31. L'anecdote répond à la question: «Pourquoi rit-on d'un nègre?», question qui, selon Bergson, auraient déjà embarrassé ses prédécesseurs Hecker, Kraepelin et Lipps. Malgré ce savant patronage, elle n'en apparaît pas moins d'un «goût douteux», comme le note J. Lefranc (in *Rire est-il diabolique?*, Revue de l'enseignement philosophique, n° 30/3, Paris, 1980, p. 18).

naturellement destiné à servir, de sorte qu'il était bienvenu de corriger, par quelque plaisanterie sur la saleté légendaire des esclaves, sa prétention à se faire servir par un cocher (situation strictement inverse de celle d'Héphaïstos dans la scène homérique)?... Mais en opposant le rire à l'esprit chrétien d'humilité et de bienveillance, Baudelaire n'entend pas seulement signifier l'immoralité de la moquerie; il vise aussi le sens de la manifestation somatique du rire. Car, en tant qu'incontrôlable, inextinguible, en tant que «convulsion nerveuse» et «spasme involontaire», le rire est un «symptôme de faiblesse»[51]. Or l'occasion du rire, donc l'occasion de cette faiblesse est, justement, la faiblesse d'un autre, de celui que les circonstances humilient. Quoi de «plus déplorable que la faiblesse se réjouissant de la faiblesse?»[52]. Non seulement le rieur néglige son devoir de chrétien; mais il se dégrade lui-même à n'être plus que la mécanique de son corps. Et cela pour pas grand chose: «Qu'y a-t-il de si réjouissant dans le spectacle d'un homme qui tombe sur la glace ou sur le pavé, qui trébuche au bout d'un trottoir, pour que la face de son frère en Jésus-Christ se contracte d'une façon désordonnée, pour que les muscles de son visage se mettent à jouer subitement comme une horloge à midi ou un joujou à ressorts?»[53]. Ce qui peut être une manière de dire que le "mécanique plaqué sur du vivant" est davantage dans le corps du rieur que dans l'objet du rire. Et cette mécanique n'est autre que l'effet de la possession satanique. C'est pourquoi Baudelaire rapproche aussi le rire des symptômes cliniques de la folie. Le rieur le plus innocent n'est jamais qu'une sorte de figure atténuée du fou qui ne cesse de rire et de se croire supérieur. Tout cela suffit maintenant à comprendre qu'on ait pu dire du sage ou

[51] *De l'essence du rire*, III, p. 226.
[52] *Ibid.*
[53] *Ibid.*

du saint qu'il «ne rit qu'en tremblant». Si rire est s'abandonner à la possession satanique, alors en effet le sage ne
peut se risquer à rire que "dans la crainte et le tremblement".

Assurément, toute cette analyse baudelairienne n'a pas
pour enjeu de réprouver le rire; il s'agit seulement de reconnaître la part satanique du rire et donc de l'assumer (si ce n'est
même la revendiquer — mais là n'est pas le problème, du
moins pas pour l'instant —). C'est en quoi Baudelaire s'est
avancé plus loin et plus courageusement que ne l'aura fait
Bergson vers la puissance inquiétante du rire. Ce n'est peut-
être pas un hasard si Bergson, dans sa bibliographie introductive à l'étude du rire, omet l'ouvrage de Baudelaire. Certes,
il fera allusion à «quelque chose de diabolique» dans l'art de
la caricature[54]; et, au terme de son étude, il reconnaîtra dans
le rire «un petit fonds de méchanceté ou tout au moins de
malice». Mais c'était pour ajouter aussitôt: «Peut-être vau-
dra-t-il mieux que nous n'approfondissions pas trop ce
point»[55]. Que craignait donc ici le philosophe si ce n'est de
devoir reconnaître que la puissance du rire est la puissance
du mal[56]?

*   *
*

(54) *Le rire,* I, p. 20.

(55) *Ibid.,* III, p. 151.

(56) J. Lefranc note également que, étudiant le rire, Bergson «redoute
ce qu'il pourrait y découvrir». Il précise que cette réserve tient à ce que
«Bergson semble avoir été surtout soucieux de renverser la tradition platonicienne et de réhabiliter pleinement le théâtre comique de Molière
à Regnard et à Labiche» (*art. cité,* p. 21). Reste que ce "renversement"
— assurément non nietzschéen — du platonisme ne fait qu'inverser la
condamnation platonicienne de la poésie comique sans remettre en cause
ses paramètres; il ignore tout de la puissance d'excès du rire. L'absence de
toute référence au théâtre d'Aristophane dans *Le rire* fait dire à Lefranc
que «Bergson était peut-être gêné par la violence aristophanesque» (*Ibid.,*
note 12). C'est le moins qu'on puisse supposer.

Le rire et la crise du jugement (Kant et Schopenhauer)

Reste que si le rire est le propre d'un esprit bas et malin, il est tout de même le fait de l'esprit et non simplement du corps. Assurément, le déclenchement du rire suppose quelque secret mécanisme somatique; mais il ne saurait être expliqué par une simple réaction réflexe à une stimulation sensible. Si seul l'homme est capable de rire, c'est bien parce que le rire procède aussi, et de manière essentielle, de cette faculté proprement humaine qu'est la faculté de penser, c'est-à-dire de juger. Et ce jugement ne se réduit pas à cette sorte de calcul par lequel le rieur estime sa supériorité à proportion de l'humiliation que sa raillerie fait subir à autrui. Certes, la moquerie et la raillerie impliquent déjà un tel jugement dont on a vu qu'il est finalement aisé de révéler le caractère tout à la fois immoral et illusoire. Mais la part du jugement dans le rire ne saurait être limitée à cela. Car — on le sait d'expérience — rire n'est pas toujours se moquer d'autrui. Un simple jeu de mots ou une histoire drôle peuvent déclencher l'éclat de rire, sans intention de blesser personne. Il y faut du jugement, ou ce qu'on nomme — non sans raison — de l'esprit, c'est-à-dire une certaine faculté d'associer astucieusement des représentations pour qu'en résulte une signification inattendue. Cette définition de l'esprit implique deux paramètres: l'astuce et la surprise, la première étant condition de la seconde. Certes, ces deux éléments ne sont pas non plus absents de la moquerie. Car, en son sens premier, l'astuce signifie la malice, c'est-à-dire l'habileté dans la malveillance, l'adresse à surprendre autrui pour lui nuire et en tirer quelque avantage. Et ce facteur de surprise était explicitement souligné dans les définitions classiques du rire et de la moquerie. Ainsi Descartes précisait explicitement que, lorsque la joie de voir un petit mal en autrui «survient *inopinément*, la *surprise* de l'admiration est cause qu'on s'éclate de rire»[57]; de même Hobbes parlait de la «*soudaine* glorification de soi» par laquelle «on s'applaudit *soudain* soi-même» en comparaison de la disgrâce d'autrui[58]. Mais cela ne saurait être limité au cas de la moquerie. Le rire, en son principe même, suppose ce facteur de surprise ou d'étonnement, ainsi que l'affirme Pascal: «Rien ne porte davantage à rire qu'une disproportion *surprenante* entre ce qu'on attend et ce qu'on voit»[59]. Et Kant précisera: «Le rire est une affection résultant de l'anéantissement *soudain* d'une attente extrême»[60].

Cette attente ne peut être que celle du jugement qui est soudainement pris à son propre piège, en ce que se révèle à lui une inadéquation entre sa procédure logique et le résultat de son opération. C'est ce qu'explique Schopenhauer, sur la base de la définition kantienne du jugement déterminant: juger, c'est subsumer sous un concept des objets donnés dans l'intuition. Or, explique Schopenhauer, «le rire se produit toujours à la suite d'une subsomption paradoxale, et par conséquent inattendue, qu'elle s'exprime en parole ou en action»[61]. L'inadéquation paradoxale tient en ceci que le concept se révèle alors hétérogène à la représentation intuitive; et cela selon deux modes possibles: soit des représentations différentes sont réunies sous un même concept; c'est le cas spécifique du mot d'esprit, comme dans cette répartie que s'entend dire un officier de police intervenant dans un théâtre pour rappeler au public chahuteur qu'on doit s'en tenir à ce qui a été annoncé sur l'affiche: «Et vous, Monsieur,

---

[57] *Passions de l'âme,* art. 178 (nous soulignons).

[58] *Léviathan,* chapitre VI, pp. 53-54 (nous soulignons).

[59] *Provinciales,* XI, *O. C.,* p. 420 (nous soulignons).

[60] E. Kant, *Critique de la faculté de juger,* §54, Remarque (Ak. V, 332); traduction A. Philonenko, éd. Vrin, Paris, 1968, p. 159 (traduction modifiée).

[61] A. Schopenhauer, *Le monde comme volonté et comme représentation,* I, 13, traduction A. Burdeau, éd. P.U.F., Paris, 1966, p. 94.

êtes-vous sur l'affiche?»[62]; ou dans cette épitaphe d'un médecin: «Il repose ici, tel un héros, entouré de cadavres»[63]. Soit,
inversement, un concept est inadéquatement appliqué à une
représentation, produisant ainsi une absurdité: c'est le cas de
la méprise involontaire, comme celle de l'enfant incontinent
qui accroche des pinces à linge au tapis qu'il vient de
mouiller...[64], ou aussi bien du pédant qui, par la disconve-
nance du formalisme de ses manières avec la réalité présente,
est comique malgré lui; mais il peut aussi s'agir d'une intention, comme dans le cas du bouffon (*i. e.* ici le facétieux,
le plaisantin) qui applique une lotion capillaire à un manteau
de fourrure[65]. Ou encore, dans cette réplique: «Vous aimez
vous promener seul? Ça tombe bien, moi aussi; nous pou-
vons donc nous promener ensemble»[66]. Dans tous les cas, les
représentations sont associées au concept selon une logique
qui certes, comme telle, procède de l'entendement — comme
faculté des concepts —, mais qui diffère de celle que l'entendement aurait dû imposer, s'il avait rigoureusement jugé.
Il s'agit en quelque sorte d'un détournement de la procédure
logique du syllogisme: la majeure ("la santé du poil est favorisée par la lotion capillaire") est jugée incontestable; mais,
dans la mineure, l'imagination — c'est-à-dire la faculté sensible — glisse subrepticement à une analogie ("or le manteau
de fourrure est fait de poils") pour produire une conclusion
qui se joue de la logique tout en conservant les apparences
de sa rigueur ("donc la lotion capillaire est favorable au manteau de fourrure"). C'est donc le jugement qui est ici mis en
défaut par l'intuition à laquelle il prétend s'appliquer.
C'est pourquoi Schopenhauer dit que «ce qui nous réjouit»

(62) Cf. *Ibid.,* Suppléments, VIII, p. 773.
(63) *Ibid.*
(64) Merci à Ph. Rohrbach pour cette belle anecdote.
(65) Cf. Schopenhauer, *op. cit.,* p. 777.
(66) *Ibid.*

dans le rire est «toujours un triomphe de l'intuition sur la pensée abstraite»[67], une sorte de revanche contre «cette raison,
gouvernante sévère et infatigable jusqu'à en devenir impor-
tune»[68] (comme on le verra bientôt, Freud retiendra quelque
chose de cette logique transgressive). Et si la physionomie du
rire est si semblable à celle qui accompagne la joie, c'est bien
parce que la faculté intuitive se réjouit alors de la déchéance
de l'instance rationnelle à laquelle elle doit habituellement se
soumettre. C'est donc ici la pensée conceptuelle qui "chute",
et non simplement le passant. D'une certaine façon, la thèse
de Schopenhauer, n'est pas très éloignée de celle de Bergson:
ce qui fait rire est une certaine raideur de la pensée incapable
de s'adapter à la singularité de l'intuition. Pour autant,
Schopenhauer ne fait pas de la moquerie et donc de l'humiliation d'autrui un trait essentiel du rire. Et lui-même ne se
laisse aller à la moquerie que dans son démontage ironique
du matérialisme, dont la pétition de principe lui apparaît
digne «de ce rire inextinguible des dieux de l'Olympe»[69],

---

(67) *Ibid.*, p. 779.

(68) *Ibid.*, pp. 779-780.

(69) Cf. *Ibid.*, I, 7, p. 54-55; le passage mérité d'être cité *in extenso*:
«Admettons que nous ayons pu suivre jusqu'au bout et sur la foi des représentations intuitives l'explication matérialiste; une fois arrivés au sommet,
ne serions nous pas pris soudain de ce *rire inextinguible des dieux de l'Olympe,*
lorsque, nous éveillant comme d'un songe, nous ferions tout à coup cette
découverte inattendue: que le dernier résultat si péniblement acquis, la
connaissance, était déjà implicitement contenu dans la donnée première du
système, la simple matière […]. Alors se révèle cette étonnante pétition de
principe de la doctrine, où le dernier anneau apparaît inopinément comme
le point d'attache du premier; c'est une chaîne circulaire, et le maté-
lisme ressemble au baron de Münchhausen qui, se débattant dans l'eau,
monté sur son cheval, l'enlève avec ses jambes et s'enlève lui-même par la
queue de sa perruque ramenée en avant» (nous soulignons). On aura remarqué que l'humour de Schopenhauer est ici une manière d'appliquer le principe même de sa théorie du risible puisqu'il consiste à faire tomber l'abs-
traction théorique de la philosophie au niveau d'une intuition qui en révèle

ou dans son appréciation de Kant qu'il juge être, par la raideur de sa philosophie morale — dont les principes abstraits ne peuvent jamais strictement convenir à la circonstance de l'action, ni au caractère singulier du sujet agissant —, un modèle de comique bouffon ou pédant[70]! Pourquoi pas?…

l'absurdité. On trouve le même procédé dans l'ironie que déployait Heine à l'encontre de Fichte: «Il y a, chez Fichte, cette difficulté particulière qu'il impute à l'esprit la capacité de s'observer pendant qu'il agit. Le Moi doit développer des observations sur ses actions intellectuelles pendant qu'il les effectue. La pensée doit s'épier elle-même pendant qu'elle pense, pendant qu'elle chauffe et devient de plus en plus chaude et finit par advenir. Opération qui nous rappelle ce singe accroupi à côté du feu devant une casserole de cuivre où il faisait cuire sa propre queue, et qui s'imaginait que le véritable art culinaire ne consistait pas tant à simplement cuire de manière objective, mais aussi à être subjectivement conscient de sa cuisson»…! (H. Heine, *Histoire de la religion et de la philosophie en Allemagne*, traduction J.-P. Lefebvre, éd. Imprimerie Nationale, Paris, 1993, p. 167). A quoi Heine ajoutait: «L'une des caractéristiques de la philosophie de Fichte est qu'elle eut beaucoup à souffrir de la satire. J'ai vu un jour une caricature qui représentait une oie fichtéenne. Son foie était si volumineux qu'elle ne savait plus si elle était le foie ou si elle était l'oie. Il y avait une inscription sur son ventre: Moi = Moi» (*Ibid.*).

(70) Cf. *Ibid.*, I, 13, p. 95. Là encore, on ne résiste pas à citer le commentaire que Heine consacrait à la raison pratique: «Comme je l'ai déjà dit, je m'abstiens de tout commentaire vulgarisateur de la polémique kantienne contre ces preuves [les preuves de l'existence de Dieu]. Je me contente d'assurer que, depuis, l'étoile du déisme a fortement blêmi au royaume de la raison spéculative. Il faudra peut-être quelques siècles pour que le triste faire-part s'en répande partout — mais pour notre part, nous avons pris le deuil depuis longtemps. *De profundis!* Vous pensez peut-être que nous pourrions maintenant rentrer chez nous? Parbleu! Il y a encore une pièce à jouer. Après la tragédie, la farce. Emmanuel Kant avait jusqu'à présent les accents tragiques du philosophe inexorable, il a pris le ciel d'assaut et passé toute la garnison au fil de l'épée, le maître suprême de l'univers baigne, indémontré, dans son sang, il n'est plus de miséricorde, de bonté paternelle, plus de récompense dans l'au-delà pour l'abstinence ici-bas, l'immortalité de l'âme est à l'agonie — tout n'est plus que râles et gémissements, et le vieux Lampe regarde tout cela, son parapluie sous le bras,

Mais, il s'agit surtout de comprendre que la plaisanterie, qu'elle soit ou non blessante, tient à l'opposition radicale de l'esprit plaisantin et de l'esprit sérieux. L'attitude sérieuse tient toujours à la conscience de l'harmonie complète du concept avec l'intuition: «l'homme sérieux est convaincu qu'il pense les choses comme elles sont, et qu'elles sont comme il les pense»[71]. En revanche, l'attitude de celui «qui fait rire à dessein» vise à «établir un désaccord entre les concepts et la réalité»[72]. Et il peut l'obtenir soit par l'ironie, où «la plaisanterie se dissimule derrière le sérieux» (Socrate en demeure l'exemple emblématique), soit par l'humour, où «le sérieux est caché derrière la plaisanterie»[73]. Mais, dans les deux cas, l'essentiel ne tient pas à l'intention éventuellement

spectateur chagriné. Une sueur d'angoisse se mêle aux pleurs qui roulent sur son visage. C'est alors qu'Emmanuel Kant, touché par la pitié, montre qu'il n'est pas seulement un grand philosophe, mais aussi un homme bon. Il réfléchit, et dit, moitié bonté, moitié ironie: "Il faut que le vieux Lampe [son domestique] ait un Dieu, sinon le brave homme ne pourrait pas être heureux — or l'homme doit être heureux en ce monde — c'est la raison pratique qui le dit — ma foi — il faut donc que la raison pratique garantisse aussi l'existence de Dieu". Conséquemment à cet argument, Kant opère alors une distinction entre la raison théorique et la raison pratique, et c'est grâce à celle-ci, comme d'un coup de baguette magique, qu'il redonna vie au cadavre du déisme que la raison théorique avait tué. Kant n'aurait-il pas non plus, éventuellement, entrepris cette résurrection à cause de la police, et non pour le seul Lampe? Ou a-t-il agi par conviction? A-t-il voulu, justement en détruisant les preuves de l'existence de Dieu, bien nous montrer combien on se trouvait mal quand on ne pouvait rien savoir de l'existence de Dieu? Il a agi presque aussi sagement en la circonstance que mon ami de Westphalie, qui avait brisé toutes les lanternes de la Gronerstrasse à Göttingen et nous tint là, dans le noir, une longue harangue sur la nécessité de ces lanternes, qu'il n'avait brisé en théorie que pour nous montrer que sans elles nous ne pouvions rien voir»… (H. Heine, *op. cit.,* pp. 161-162).

[71] *Le monde comme volonté et représentation,* Suppléments, VIII, p. 780.

[72] *Ibid.,* p. 781.

[73] *Ibid.*

malveillante du plaisantin. Il tient à la manière de se jouer de ce qui est sérieux par retournement dans le rire.

Reste qu'on pourrait objecter à la thèse de Schopenhauer que, si l'inadéquation du concept et de l'intuition «nous réjouit», ce n'est pas tant du fait d'une «victoire» de l'intuition dans le «conflit»[74] qui l'oppose à la pensée conceptuelle, que bien plutôt parce que se révèle ici une liberté de l'entendement qui se sert de l'intuition sensible pour court-circuiter son raisonnement et produire ainsi, au plus court, une signification inattendue. C'est en quoi consiste l'astuce dont on a dit qu'elle est constitutive de *l'esprit*: une certaine habileté, une adresse à trouver le raccourci permettant de signifier une chose par autre chose, ou plus exactement de faire dire à une représentation quelque chose de plus (et donc de différent) que ce qu'elle dit ou semblait initialement vouloir dire. Il y a donc une médiation implicite par un détour; mais comme ce détour n'est pas explicité, on obtient un effet d'immédiateté et donc de surprise. Si, par exemple, on décrivait ainsi cette situation: "voici un personnage qui prend un flacon de lotion capillaire; or il se trouve qu'il confond l'animal avec l'homme (confusion du genre et de l'espèce), la fourrure avec la chevelure (confusion par identification des termes d'une simple analogie), et le mort avec le vivant (confusion de modalités), si bien que, combinant ces trois confusions, il se met à frotter un manteau de fourrure avec cette lotion capillaire…" —, cela n'aurait vraiment plus rien de spirituel, parce que l'exposé fastidieux de toutes les procédures conduisant à la confusion finale abolirait l'effet de court-circuit qui est précisément ce qui donne tout son sel à la plaisanterie initiale[75]. Et si l'on dit que cela donne du *sel* (on parle en effet

---

[74] Cf. *Ibid.,* p. 779.

[75] Ce qu'illustre, assez joliment, cette séquence du théâtre de Brecht: «LE JUGE: Connaissez-vous l'histoire du juif qui avait laissé son manteau

de la faculté sensible; au contraire: elle joue avec les représentations sensibles; elle se joue de la faculté sensible, et s'affirme ainsi elle-même, par elle-même et pour elle-même, dans
son libre exercice. De plus, en tant qu'elle s'exerce ici en un
libre jeu, cette faculté de juger n'est sous la dépendance d'au-
ne influence étrangère: elle ne saurait donc être assimilée
[à] aucune possession, à aucune folie. Au contraire: dans cette
[libe]rté de son jeu, la faculté de penser n'a à faire qu'à elle-
[mê]me; elle s'exerce en quelque sorte souverainement, puis-
[qu']elle ne s'inféode à aucune fin déterminée, ni même aux
[requ]isits des concepts avec lesquels elle se plaît à jouer. En ce
[sens,] le jugement à l'œuvre dans le rire procède plutôt de
[l'auto]suffisance du sage (dont l'image peut être, en effet, l'au-
[tosuff]isance des dieux); et — n'en déplaise à Platon — le sage
[(...a]s) ne saurait se refuser le plaisir de la saveur (sapor) de
[...] Certes, on ne peut négliger la part que le corps prend
[...] de rire: la tension de «l'attente extrême» qui se résout
[soudain]ement «dans le rien» est suivie et en quelque sorte dou-
[...]ns le corps, par la tension de l'organisme (une «oscil-
[...]es organes») qui — de son côté, mais simultanément
[...]out finalement dans un «relâchement» et donc dans
[...]libre»[79]. Et c'est pourquoi Kant dit de la plaisante-
[...]it rire qu'elle relève «plutôt» d'un art de l'agréable,
[...]e de ce qui plaît dans la sensation[80]; en quoi elle
[...] s'apparenter au jugement de goût. Mais, d'une part,
[...]u rire a bien eu pour cause initiale, pour sa condi-
[...]ère, le *Gedankenspiel,* le libre jeu des pensées.
[...]part, dans sa manifestation somatique, ce rire est
[...] grand plaisir parce que, loin d'être une agitation
[...] corps, il est bien plutôt un renforcement de
[...]des forces vitales» et donc — disait Kant, bien

d'une plaisanterie particulièrement *salée,* ou *pimentée*), c'est
bien parce que cela donne du *goût.* Voilà pourquoi Kant rapporte au jugement de goût le jugement à l'œuvre dans le
risible. Toute l'astuce qui fait la *saveur* d'une plaisanterie
(et qui explique le *plaisir* pris à la *plais*anterie) tient non pas
à la victoire de la faculté sensible sur la faculté intellectuelle,
mais à un rapport ludique de la faculté de penser à elle-même
et avec elle-même. Et c'est peut-être là la leçon que
Schopenhauer n'aura pas perçue dans les remarques de Kant
sur le rire.

*

Car l'inadéquation du concept et de l'intuition n'est pas
propre à la situation risible; elle est au principe de toute
situation surprenante, et tout ce qui est surprenant n'est pas
pour autant risible. Si donc Kant traite du plaisir de rire au
terme de son analyse du jugement esthétique, ce n'est certes
pas pour identifier le risible au beau ou au sublime, mais
c'est d'abord pour montrer que ce plaisir procède d'un jugement réfléchissant et non simplement déterminant. En effet,

---

accroché au café? Le pessimiste dit: oui, il le retrouvera! Et un optimiste
dit: Non, il ne le retrouvera pas! (*Les messieurs rient*). L'ATTACHÉ: Et est-
ce qu'il l'a retrouvé? (*Les messieurs rient*). LE JUGE: Je crois que vous n'avez
pas parfaitement saisi la pointe [...]. L'ATTACHÉ: Expliquez-moi l'histoire.
Je crois que vous avez interverti les réponses. C'est l'optimiste qui dit: oui,
il le retrouvera! LE JUGE: Non, le pessimiste! Comprenez donc, le sel de
l'histoire, c'est que le manteau est vieux et qu'il vaut mieux qu'il soit perdu!
L'ATTACHÉ: Ah bon, le manteau est vieux? Vous avez oublié de le mentionner.
Ha! Ha! Ha! C'est l'histoire la plus sensationnelle que j'ai jamais enten-
due!»... Et, pour preuve de sa vivacité de jugement, ledit attaché diplo-
matique se croit obligé de rajouter: «Sur mon sens de l'humour, la princesse
Bibesco s'est exprimée en termes flatteurs en faisant remarquer à Lady
Oxford que je ris par avance d'une plaisanterie ou d'un bon mot, ce qui
prouve que je comprends vite» (B. Brecht, *Maître Puntila et son valet Matti,*
scène IX, trad. M. Cadot, éd. L'Arche, Paris, 1976, pp. 68-69).

le rire advient non simplement parce que l'objet considéré ne répond pas à ce qu'on pouvait en attendre (parce que l'intuition est inadéquate au concept), mais parce que la faculté de penser se considère elle-même, se réfléchit sur elle-même, et prend pour seul objet de sa "réflexion" l'inadéquation entre l'idée à laquelle elle pouvait s'attendre et l'idée à laquelle elle est finalement conduite, et cela indépendamment de tout intérêt pris à l'objet. Comme dans le cas du jugement esthétique, la surprise (ou l'étonnement) qui est au principe du risible n'est liée à aucun intérêt cognitif, ni à aucun intérêt moral; c'est un plaisir désintéressé (ce qui exclut, là encore, la dimension de moquerie humiliante ou condescendante); et, le propre de ce plaisir est de porter sur des représentations signifiantes, des idées, avec lesquelles on joue librement, sans finalité: la plaisanterie est un tel jeu de pensées, un «*Gedankenspiel*»[76], par lequel l'esprit est finalement conduit à une représentation à laquelle son jugement ne pouvait pas s'attendre. Ainsi dans l'histoire de cet indien qui, ébahi en voyant jaillir abondamment la mousse hors d'une bouteille de bière, déclare ne pas comprendre comment on a pu faire entrer tout cela dans la bouteille, «notre rire ne vient pas de ce que nous nous jugions plus intelligents que cet ignorant [...] mais de ce que la tension de notre attente s'évanouit soudain en rien (*verschwindet plötzlich in nichts*)»[77]. Et c'est bien, pour Kant, cet évanouissement dans le rien, c'est-à-dire dans

le non-sens, qui est ici essentiel: «Il faut qu' chose d'absurde (*widersinnig*) en tout ce qu un rire vivant et éclatant»[78]. Est risible cela dainement niée la signification convenu faisant apparaître, indépendamment d logique (c'est le court-circuit dont on pa autre signification, imprévisible. Tout e l'histoire drôle. Ce dont on rit, ce n'e passant (après coup, on peut bien lui de la chute de notre propre jugement sur une signification à laquelle il ne santeries, les blagues de toutes sort faire trébucher le jugement; et nou que notre esprit se prête alors à La *saveur* d'une plaisanterie (son ce libre jeu, où la faculté intellec fice d'aucun *savoir* (les deux mo signifie à la fois "goûter" et " exercé de manière *savoureuse* Et c'est en quoi le jugement à étroitement au jugement confondre avec lui, comme

Dès lors, il est clair qu ni d'aucune indignité. Q veillant, en se moquant d sur sa propre supériorité dentelle; ça n'est null Au contraire, le rire p juger, c'est-à-dire de c y a de plus propre l'homme: la faculté l'œuvre dans le rire

---

(76) *Critique de la faculté de juger,* §54, Remarque (Ak. V, 331); *op. cit.,* p. 158.

(77) *Ibid.* (Ak. V, 333); *op. cit.,* p. 159 (traduction modifiée). A dire vrai, Kant semble avoir eu un sens assez singulier de l'humour. Certes, il vante les mérites de la plaisanterie et de la verve, notamment pour agrémenter la compagnie des convives. Mais sa manière de rapporter les plaisanteries est assez fastidieuse. Cf., juste après la blague de l'indien, celle de la «perruque qui devint grise» (*Ibid.*; pp. 159-160); cf. aussi, l'histoire de la "tante empaillée" qui occupe une longue note de l'*Anthropologie* (§79).

(78) *Ibid.* (Ak. V,

(79) *Ibid.*
(80) Cf. *Ibid.*

avant les charlatans de notre époque — un «médecin du corps», un adjuvant de la «santé»[81]. On ne saurait faire plus clairement opposition à la condamnation du rire: le rire n'est un mal ni spirituel, ni moral, ni somatique. Au contraire: il suppose la puissance astucieuse de la faculté de juger; il libère l'esprit de tout intérêt; il favorise le bon état du corps.

*   *

*

Freud et l'éclat de rire

Dans son étude sur *Le mot d'esprit et ses rapports avec l'inconscient,* Freud exprime ses réserves sur la thèse kantienne relative à «l'attente qui se réduit à rien»[82]. Car il est des occasions de rire où l'effet risible est immédiat, sans qu'il y ait

---

[81] *Ibid.* (Ak. V, 332-333). Cf. aussi *Anthropologie du point de vue pragmatique,* §79 "Des affects grâce auxquels la nature favorise mécaniquement la santé" (Ak. VII, 261-262), traduction A. Renaut, éd. Garnier-Flammarion, Paris, 1993, pp. 231-232: «Le rire bienveillant (non sarcastique et exempt d'amertume) est [...] plus apprécié et davantage profitable: j'entends par là le rire qu'on aurait dû recommander à ce roi de Perse qui avait institué un prix pour celui qui "inventerait un nouveau plaisir". La façon dont, à la faveur du rire, l'air se trouve expulsé par à-coups (pour ainsi dire, convulsivement) — renforce le sentiment de l'énergie vitale grâce au mouvement bénéfique du diaphragme qu'il provoque. Que ce soit un bouffon à gages (un Arlequin) qui nous fasse rire, ou un habile farceur appartenant au groupe de nos amis qui, sans avoir en tête aucune intention mauvaise, s'avère être un "fieffé roublard" et, tout en se gardant de partager nos rires, vienne soudain rompre, avec une apparente simplicité, la tension de l'attente (comme on lâche une corde tendue): en tout état de cause, le rire met toujours en branle les muscles qui contribuent à la digestion, laquelle se trouve ainsi bien davantage favorisée que ce ne pourrait être le cas par la sagesse du médecin».

[82] S. Freud, *Le mot d'esprit et ses rapports avec l'inconscient,* traduction M. Bonaparte et N. Nathan, éd. Gallimard — "Idées", Paris, 1971, chapitre VI, p. 306.

eu une attente préparatoire: c'est le cas de la plupart des mots d'esprit. De même il se déclare peu convaincu par la thèse philosophique qui rapproche le plaisir *spirituel* du plaisir esthétique désintéressé[83], car il lui semble que le plaisir constitue en lui-même un intérêt. Mais cela ne signifie pas que Freud rapporterait le risible à la satisfaction de quelque besoin vital. Au contraire, il cherche lui aussi à montrer comment, dans le rire, le psychisme joue avec lui-même et avec les forces dont il est constitué. Certes, ces analyses conduisent Freud à distinguer entre l'*esprit* (comme faculté de produire des "bons mots"), le comique, (comme capacité d'inventer des histoires drôles ou à produire des situations risibles) et l'humour (comme disposition à prendre à la légère ce qui est grave ou sérieux). Mais, comme il explique également que, dans la plupart des cas, la «technique de l'*esprit*» est mise au service du comique et de l'humour[84], on peut pour l'instant négliger ces distinctions et se limiter à l'étude de cette *technique*. Cette expression, la «technique» du mot d'esprit (Freud dit aussi parfois la «méthode»)[85], correspond très exactement à ce que Kant appelait «l'art de la plaisanterie»[86]. Aux yeux de Kant, cet "art" devait sans doute impliquer quelque trait de génie puisqu'en effet l'astuce dans la plaisanterie, ou ce qu'on a nommé ici le court-circuit du jugement,

---

[83] *Ibid.,* chapitre II, pp. 140-141.

[84] Cf. *Ibid.,* chapitre VI, p. 278: «l'*esprit* sait à l'occasion retrouver les sources du comique devenues inaccessibles, et le comique sert souvent de façade à l'*esprit*»; et p. 366: nous avons «ramené le mécanisme du plaisir humoristique à une formule analogue à celle du plaisir comique et de l'*esprit*». Cf. aussi la petite conférence sur *L'humour,* dont le texte est donné en appendice de l'édition française du *Mot d'esprit...,* pp. 374-375: «l'*esprit* serait la contribution que l'inconscient apporte au comique. Semblablement, l'humour serait la contribution apportée au comique par l'intermédiaire du Surmoi».

[85] *Ibid.,* chapitre 1, p. 21 & *passim.*

[86] *Critique de la faculté de juger,* §54, Remarque (Ak. V, 332); p. 159.

relève d'une sorte d'inspiration immédiate (l'in*spiration* étant aussi affaire d'*esprit*). De même, le terme freudien de "technique" ne renvoie pas à une élaboration consciente, puisqu'il désigne justement le procédé par lequel l'inconscient produit le mot d'esprit, le *Witz*. Mais, pour n'être pas conscient, ce procédé n'en est pas moins susceptible d'être analysé. Il est même une voie d'exploration privilégiée des processus inconscients.

On sait que pour Freud, le psychisme inconscient est directement sous l'emprise du «principe de plaisir» de sorte que l'énergie psychique cherche à s'y décharger librement par les voies représentatives les plus rapides (la décharge d'énergie constituant le plaisir); c'est le processus primaire. En revanche, le psychisme conscient doit aussi faire droit au «principe de réalité» qui commande de différer la décharge de l'énergie psychique en lui imposant d'emprunter des voies représentatives strictement réglées par la logique rationnelle et conceptuelle; c'est le processus secondaire[87]. Cette différence permet déjà de comprendre que, si le mot d'esprit a quelque rapport avec l'inconscient, c'est bien en vertu de ce libre écoulement de l'énergie psychique dans le processus primaire, où les images et les mots sont libérés de la contrainte logique et conceptuelle. Cette *liberté* n'est donc pas sans rapport avec l'astuce en quoi consiste le court-circuit du jugement dans le mot d'esprit. Cette même liberté des représentations peut être observée dans l'élaboration des rêves, lorsque l'inconscient transforme le contenu latent en contenu manifeste. Le mot d'esprit, comme le rêve, est une «formation de l'inconscient» (*Bildung des Unbewußten*), c'est-à-dire une représentation psychique produite — formée — par le

---

[87] Sur cette distinction entre les deux processus, cf. *L'interprétation des rêves,* VII, 5 & 6; cf. aussi *Formulations sur les deux principes du cours des événements psychiques;* cf. aussi *L'inconscient,* in *Métapsychologie.*

processus primaire sous l'emprise du principe de plaisir. Certes, Bergson avait déjà noté que «l'absurdité comique est de même nature que celle des rêves»[88]; et il précisait que la logique de l'illusion onirique se retrouve dans la logique des «traits d'esprit» qui sont des «raisonnements abrégés»[89], où l'on passe du jeu d'idées au jeu de mots et même au jeu de sons, si bien que «tout jeu d'idées pourra nous amuser, pourvu qu'il nous rappelle, de près ou de loin, les jeux du rêve»[90]. Mais Bergson ne juge pas utile d'entrer dans le détail de ces "jeux"; c'est que, contrairement à Freud, il ne soupçonne pas que cette analyse pourrait ouvrir une nouvelle voie à l'exploration de l'inconscient. Car si le rêve est, comme disait Freud, «la voie royale vers l'inconscient», le mot d'esprit pourrait bien en être la voie "impériale", en ce qu'il démontre la nature fondamentalement langagière de l'inconscient.

En effet, l'analyse de la «technique» du mot d'esprit permet de montrer que les deux principales opérations du processus primaire — la condensation (par laquelle sont fusionnées deux représentations distinctes) et le déplacement (par lequel on passe d'une représentation à une autre par quelque lien contingent) —, ont pour terrain d'exercice privilégié et même pour milieu propre les éléments constitutifs du langage que sont le signifiant, le signifié et la forme logique du discours. Certes, il ne suffit pas de décomposer un mot, comme dans une charade, pour obtenir l'effet *spirituel*: dire "roux sot" pour "Rousseau"[91] est un mauvais calembour (du genre "Tonton mayonnaise"!), parce que cela ne révèle pas une signification nouvelle qui aurait quelque pertinence avec le mot visé. L'effet *spirituel* implique certes de détourner le sens

---

[88] Bergson, *Le rire,* p. 142.
[89] *Ibid.,* p. 144.
[90] *Ibid.,* p. 143.
[91] S. Freud, *Le mot d'esprit…,* chapitre I, p. 42.

en non-sens, mais pour faire surgir un nouveau sens dans le non-sens. Ainsi Freud trouve-t-il un exemple parfait de condensation dans ce *Witz* rapporté par Heine: un petit buraliste de loterie fait mine de se flatter d'avoir eu affaire au riche baron de Rothschild qui, dit-il, le «traitait d'égal à égal, de façon toute *famillionnaire*»[92]. Le néologisme "famillion-naire", formé par la fusion des mots "familière" et "million-naire", est en apparence un non-sens; mais de ce non-sens surgit le sens: le baron traitait sans doute familièrement le buraliste, d'autant qu'ils avaient en commun de s'occuper de millions (même si l'un les possédait alors que l'autre ne faisait que les promettre), mais sans pouvoir se départir de cette condescendance propre aux gens fortunés. C'est le même processus de condensation qui est à l'œuvre dans ce verdict de Sainte-Beuve sur la *Salammbô* de Flaubert auquel il repro-chait sa méticulosité documentaire: «une *carthaginoiserie*»[93]; ou encore dans cette qualification anglaise de la période des fêtes de fin d'année: «the *alcoholidays*»[94]. Condensation encore dans cette méprise sémantique d'un étranger séjournant en France et qui, venant d'apprendre le sens du verbe pleuvoter, s'adresse quelques instants plus tard à une jeune fille qui gênait son passage en lui demandant poliment: "pardon, mademoi-selle, pourriez-vous vous *reculotter* ?". De même dans cette mauvaise blague du chauvinisme français: "Quelle différence entre la tour Eiffel et la reine d'Angleterre? — La première est en fer, la seconde est *anglaise*". Même processus, sous forme inversée, lorsqu'un mot donné est traité comme résul-tat d'une condensation; ainsi dans cette superbe réplique d'une dame italienne à laquelle Napoléon, à l'occasion d'un bal, venait de dire que tous les italiens sont mauvais danseurs;

---

[92] *Ibid.,* pp. 21-27.
[93] *Ibid.,* p. 30.
[94] *Ibid.*

réponse: «*Non tutti, ma buona parte*»[95]!... Dans tous les cas, il s'agit de jouer du signifiant pour modifier le signifié. Et le jeu sur le signifiant («le matériel verbal», comme dit Freud) peut se faire sur un unique détail, comme dans cet autre mot d'esprit de Heine sur la folie d'un millionnaire: «*ein Millionarr*»[96] (*Narr* = "fou").

De même le processus du déplacement peut tenir à peu de choses; ainsi dans la célèbre maxime italienne: "*Traduttore —Traditore!*" (Traducteur — Traître). Il peut aussi jouer du double sens d'un même mot; comme dans l'histoire des deux juifs se rencontrant près d'un établissement de bains: «"As-tu pris un bain?" demande l'un d'eux — "Comment, dit l'autre, en manquerait-il donc un?"»[97]. Déplacement encore dans la boutade du potache lisant son Corneille: «"Qui l'eût cru?" — L'eusses-tu cru?»; et dans tous les mots d'esprit procédant par contrepèterie ("le cuisinier secoue les nouilles", "Il y a une planche à voile sur la berge"...). Déplacement et condensation peuvent aussi se combiner, comme dans cette histoire de Lichtenberg qui joue sur la signification convenue de certaines formules: «"Comment vas-tu?" demande l'aveugle; — "Comme tu vois", répond le paralytique»[98]. De même, dans la remarque qui salua l'un des premiers actes du jeune empereur Napoléon III, confisquant les biens de la famille d'Orléans: «C'est le premier vol de l'aigle»[99]. Ou aussi bien dans ce commentaire d'un humoriste après la mort du Président Félix Faure, à l'Élysée, dans les bras de sa maîtresse: «Il voulut être César, mais ne fut que Pompée»[100]!...

---

[95] *Ibid.*, p. 44.

[96] *Ibid.*, p. 27.

[97] *Ibid.*, p. 70.

[98] cité par Freud, *Ibid.*, p. 48.

[99] *Ibid.*, p. 52.

[100] cité par G. Minois, *Histoire du rire et de la dérision*, éd. Fayard, Paris, 2000, p. 506.

Certes, un tel trait d'esprit devait être encore plus fort au moment des faits, puisqu'il n'était alors pas nécessaire de l'accompagner d'explications. Mais, comme le montre Freud, cela aussi rapproche la technique du mot d'esprit de la technique du rêve: de même que, dans l'élaboration du rêve, l'inconscient prend pour matériel les restes diurnes, de même *l'esprit* trouve à s'exercer sur des situations contemporaines[101]. Il faut en effet avoir subi, contemporainement, l'exhibition médiatique des stars et la publicité des fabriquants de lessive pour goûter le sel de cette déclaration fictive qu'on prête au "philosophe" Bernard-Henri Lévy: «Je ne changerai pas mon Arielle contre une autre lascive»[102]!...

Mais, outre ce libre jeu sur les relations entre signifiants et signifiés, c'est aussi sur la logique que s'exerce *l'esprit*. Cela peut d'abord concerner la logique d'une situation (comme celle de ce convive qui se lave les mains dans un plat de mayonnaise et qui répond à l'ahurissement de son voisin: «Excusez-moi; je croyais que c'était des épinards»[103]) ou la logique apparente d'un nom propre («"Cet été, j'ai fait une cure à Baden-Baden"; — "Moi, c'était à Vichy-Vichy"»). Certes, dans ces deux cas, l'absurdité est prise elle-même pour objet, sans qu'advienne une signification nouvelle. Mais c'est que *l'esprit* aime à se jouer de la forme logique ou plus exactement de l'apparence formelle de la logique. Comme dans l'histoire du client qui entre dans une pâtisserie, demande un gâteau, puis l'échange contre un verre de liqueur, boit et part sans payer: «"Payez votre liqueur", demande le patron; — "Mais je vous ai donné un gâteau en échange"; — "Vous ne l'avez pas payé non plus"; — "Mais je ne l'ai pas mangé"»[104]...

---

(101) *Le mot d'esprit...*, chapitre III, p. 187, et chapitre V, p. 246.
(102) lu, naguère, dans *Le Canard enchaîné* (référence égarée).
(103) *Ibid.*, chapitre III, pp. 209-210, note 1.
(104) *Ibid.*, pp. 86-87.

Même genre d'ambiguïté logique dans cet autre dialogue (il s'agit alors d'un déplacement du sens logique): «"Avec ce cheval, dit le maquignon, si vous partez à quatre heures du matin, vous serez à Presbourg à six heures et demie"; — "Mais que voulez-vous que je fasse à Presbourg à six heures et demie du matin?"»[105]… Mais le sens logique *nouveau* peut aussi se cacher derrière un non-sens logique apparent, comme dans cette remarque rusée d'un juif à son ami dont il connaît la propension à mentir: «Tu dis que tu vas à Cracovie pour que je croie que tu vas à Lemberg; mais je sais bien que tu vas vraiment à Cracovie; alors pourquoi mentir?»[106]. De même le non-sens apparent peut aussi tenir à un court-circuitage du raisonnement; ainsi dans ce dialogue de deux juifs ennemis se retrouvant le jour du Grand Pardon: "Je te souhaite ce que tu me souhaites" dit l'un; et l'autre de répondre: "Tu recommences déjà?"[107]. Le mot d'esprit peut aussi faire surgir le sens inattendu par inversion d'une logique convenue («Il a un grand avenir derrière lui»[108]) ou par renversement dans le contraire (comme dans le récit des origines de son pays par Kenyatta: «Quand les blancs sont venus, les blancs avaient la Bible et nous avions la terre. Les blancs nous ont alors appris à prier les yeux fermés. Quand nous les avons rouverts, nous avions la Bible et les blancs avaient la terre»). Etc. Etc. Dans toutes ces opérations, la mécanique réglée du langage est perturbée de telle sorte que surgit une signification nouvelle, comme engendrée par une vivacité spontanée; et, en ce sens là, on pourrait à bon droit inverser la formule bergsonienne pour dire que, dans le mot d'esprit, ce qui fait rire est plutôt "du vivant plaqué sur du mécanique".

[105] *Ibid.*, p. 78.

[106] *Ibid.*, chapitre II, p. 172.

[107] Cité par S. Kofman, *Pourquoi rit-on? (Freud et le mot d'esprit)*, éd. Galilée, Paris, 1986, p. 198.

[108] *Le mot d'esprit…*, chapitre 1, p. 36.

Reste qu'il y aurait sans doute quelque pertinence à rapprocher ces opérations, en lesquelles Freud voit la technique de *l'esprit,* des trois «procédés» du comique dont parle Bergson: la répétition, l'inversion et l'interférences des séries (*i. e.* le double sens dans les mots ou dans les situations)[109]; car il se pourrait que ces seuls trois procédés suffisent à recouvrir l'ensemble des opérations examinées par Freud. Mais Bergson n'y voit pas un rapport à l'inconscient. Or toutes ces opérations se retrouvent dans la formation des rêves, tout comme elles se retrouvent, bien évidemment, dans la formation des lapsus; et c'est pourquoi, bien souvent, les lapsus nous font également rire, pour peu qu'on y trouve quelque manière involontaire de jouer avec les signes ou avec la logique de la langue, davantage encore si l'on y perçoit un sens dans le non-sens. Mais rapporter ainsi la technique du mot d'esprit à la technique générale des formations de l'inconscient n'explique pas encore exactement l'origine du rire et du plaisir de rire. Or il est d'autant plus nécessaire de l'expliquer, que Freud fait de l'éclat de rire le «critérium» objectif du bon mot d'esprit[110]. Pour comprendre ce lien entre le mot d'esprit et le rire — l'éclat de rire —, il faut d'abord rappeler que le plaisir est toujours pensé par Freud du point de vue de «l'économie psychique», c'est-à-dire des variations quantitatives d'énergie dans le psychisme: le plaisir est toujours une décharge de cette énergie psychique, c'est-à-dire une baisse de la tension de cette énergie qui s'est accumulée en se fixant sur telles ou telles représentations ou ensemble de représentations (Freud dit: en «investissant» telles représentations)[111]. Mais, avant même sa décharge, cette énergie peut s'écouler

---

[109] Cf. *Le rire,* pp. 68 sqq.

[110] *Le mot d'esprit…,* chapitre 1, p. 119.

[111] Sur la logique de cette «décharge» et sur son concept même ainsi que sur celui d'«investissement», cf. Samuel Weber, *Le temps d'un rire,* in Revue *Critique,* n° 488-489, éd. de Minuit, Paris, 1988, pp. 66 sqq.

dans le psychisme en circulant d'une représentation à une autre. Ainsi, toutes les opérations à l'œuvre dans le mot d'esprit sont aussi les opérations par lesquelles, dans le processus primaire (propre à l'inconscient), l'énergie psychique trouve à s'écouler le plus rapidement possible, c'est-à-dire à passer, par les voies les plus courtes, d'une représentation à une autre. S'agissant du langage, les jeux des enfants, qui «accouplent les mots sans souci de leur sens pour jouir du rythme et de la rime»[112], témoignent du plaisir pris à passer directement d'un mot à un autre, par le court-circuit du signifiant: «Trois petits chats, chapeau de paille, paillasson...» (cf. aussi, sur un mode déjà plus "élaboré" parce que non totalement insignifiant, les jeux de mots du genre des «belles lisses poires du Prince de Motordu»[113]). On peut donc penser que le mot d'esprit a quelque rapport avec l'enfance. Bergson disait déjà qu'il faudrait peut-être «chercher dans les jeux qui amusèrent l'enfant la première ébauche des combinaisons qui font rire l'homme»[114]. Freud cite d'ailleurs ce passage de «l'ouvrage charmant et vivant de Bergson»[115]. Pour autant, dans les éditions ultérieures de son essai, Bergson ne jugera pas utile de faire plus que de simplement intégrer le livre de Freud à sa bibliographie introductive — manière suffisante de "renvoyer l'ascenseur" pour le "*charmant*" compliment? —, sans davantage tenir compte de la thèse freudienne qui, elle, entendait pourtant bien rendre compte de ce rapport de *l'esprit* à l'enfance. En effet, si Freud observe bien la parenté entre le plaisir du mot d'esprit et le plaisir infantile des jeux de mots, il les distingue toutefois rigoureusement. C'est que

---

[112] *Le mot d'esprit...,* chapitre III, pp. 189 sqq.

[113] Pef, *Les belles lisses poires de France,* éd. Gallimard, collection "Folio-cadet", Paris, 1986.

[114] *Le rire,* p. 51.

[115] *Le mot d'esprit...,* chapitre VI, p. 344.

le jeu de mots infantile n'est justement pas *spirituel* (le *Wortspiel* n'est pas *witzig*), en ce qu'il ne fait pas advenir un sens dans le non-sens, il n'est pas production d'un sens inattendu. Cela — c'est-à-dire *l'esprit* — ne sera possible que plus tard, au delà de la petite enfance.

Qu'est-ce donc que cette condition adventice de *l'esprit*? Freud répond: c'est l'avènement, dans le psychisme, de la «censure». Par ce concept, il ne faut pas entendre simplement les interdits objectivement imposés dans et par la famille et la société. Mais la censure est bien la fonction psychique du refoulement: elle est l'instance (que Freud appellera aussi le *Surmoi*) qui rejette et maintient les désirs dans l'inconscient. Plus précisément: elle est au principe de l'inconscient, en ce qu'elle induit les déformations produites par condensation et déplacement. Cette censure ou *Surmoi* s'installe dans le psychisme à partir du complexe d'Œdipe, lorsque le désir de posséder la mère et le désir de tuer le père sont eux-mêmes refoulés. C'est dire que l'avènement œdipien de la censure établit dans le psychisme le clivage entre l'inconscient (qui dorénavant fonctionne selon le processus primaire, sous l'emprise du principe de plaisir) et le conscient (qui fonctionne selon le processus secondaire, sous le contrôle du principe de réalité). Et c'est pourquoi, se référant à la figure de Janus, Freud peut dire — en une sorte d'énoncé performatif qui réalise le *Witz* tout en le définissant — que «*l'esprit* est un de ces coquins à double face qui servent à la fois deux maîtres»[116]. Car, de même que Janus, capable de regarder à la fois devant et derrière lui, était le dieu des portes[117], le *Witz* est aussi ce qui va faire liaison entre ce que la censure sépare.

Mais, dès lors qu'est ainsi advenu ce clivage, le psychisme doit investir une part de son énergie au fonctionnement de la censure; il doit dépenser une quantité d'énergie à maintenir

---

[116] *Ibid.,* chapitre IV, p. 235.
[117] Cf. S. Kofman, *op. cit.,* p. 42.

le refoulement et ses effets inhibitoires. Cette dépense d'énergie se manifeste notamment dans cet affect qu'est le sentiment de culpabilité. Mais, comme l'explique Freud, il ne s'agit pas simplement de culpabilité consciente; celle-ci est toujours doublée d'une culpabilité inconsciente: c'est la peur devant le *Surmoi* (laquelle dérive de la peur devant le père, dans le complexe d'Œdipe). A s'en tenir à ces explications, on voit bien que, une fois installé ce clivage dû à la censure, le psychisme va désormais marcher, clopin-clopant, selon ce double régime; autant dire qu'il va boiter. Et, plutôt qu'Héphaïstos, «l'illustre boiteux» — comme disait Homère — est assurément Œdipe, la figure emblématique de cette double culpabilité consciente et inconsciente... A moins de voir en Héphaïstos une figure déjà intrinsèquement œdipienne, puisqu'aussi bien sa boiterie a pour origine la colère de son père, Zeus, qui lors d'une dispute conjugale n'avait pas supporté que son fils prît le parti de sa mère, Héra, et l'avait alors jeté du haut de l'Olympe[118]. Encore une histoire de chute!.. Et, si divin qu'on soit, une telle raclée paternelle doit laisser des traces; elle suffit à vous *forger* — s'agissant d'Héphaïstos, c'est vraiment le mot juste... — un solide *Surmoi...* Du reste, dans la scène homérique, l'éclat de rire des dieux suit une nouvelle dispute entre Zeus et Héra, où Héphaïstos, un peu affolé et soucieux de calmer le jeu pour épargner à sa mère la colère de Zeus dont il rappelle avoir lui-même fait les frais, s'empresse de servir à l'assemblée olympienne quelque boisson lénifiante. Et les dieux de se tordre de rire, comme s'ils se disaient: "Voilà le boiteux qui se fait tout petit pour ne pas se reprendre une raclée!"...

*

---

[118] Cf. Homère, *Iliade,* I, 570-596.

Mais quel rapport entre cette boiterie — ce clivage de l'inconscient et du conscient — et le mot d'esprit? Dans le mot d'esprit, ce qui fait clivage, c'est-à-dire le barrage de la censure, est en quelque sorte contourné, donc transgressé. Comme on l'a vu, le mot d'esprit fait advenir un sens inattendu dans le non-sens. Cela veut dire qu'une représentation préconsciente (*i. e.* une représentation non pas inconsciente mais susceptible de devenir consciente) peut se développer et devenir consciente, non pas par le biais du raisonnement logique et conceptuel, mais par l'intervention des libres processus propres à l'inconscient[119]. Autrement dit: le processus primaire transgresse le barrage de la censure et vient se mettre au service du processus secondaire; c'est comme si l'inconscient se permettait de venir faire un petit tour sur la scène consciente. Et du coup, une partie de l'énergie psychique habituellement dépensée à l'entretien de la censure se trouve libérée de cette tâche et elle peut se décharger somatiquement dans le rire: «Le rire se déclenche dans le cas où une somme d'énergie psychique, primitivement employée à l'investissement de certaines voies psychiques, a perdu toute utilisation, de telle sorte qu'elle peut se décharger librement»[120]. Certes, Freud ne dit pas explicitement que cette décharge d'énergie psychique se fait sur le mode somatique de l'éclat de voix et des convulsions qui caractérisent le rire, bien qu'il insiste sur le fait que l'éclat de rire est le critérium du bon *Witz*[121]. Mais il est manifeste que toute sa thèse tend implicitement à cette explication. S'il ne l'explicite pas davantage, c'est parce que

---

[119] Cf. aussi S. Freud, *L'inconscient,* in *Métapsychologie,* traduction J. Laplanche et J.-B. Pontalis, éd. Gallimard- "Idées", Paris, 1968, p. 97: «dans le cas où [le] processus primaire peut se dérouler sur des éléments du système *Pcs,* il apparaît "comique" et provoque le rire».

[120] *Le mot d'esprit...,* chapitre IV, p. 222.

[121] *Ibid.,* p. 119.

Freud (ici comme ailleurs[122], et comme tout le monde[123])
ne sait pas comment rendre objectivement compte de ces
relations entre le psychique et le somatique. Mais on sait

(122) Ce n'est certainement pas par hasard que, juste après avoir énoncé
sa thèse sur le rire comme décharge de l'énergie psychique, Freud ajoute
une remarque — somme toute embarrassée — sur son rapport à la neu-
rologie: «Pour éviter tout malentendu, je dois ajouter que je ne prétends
nullement proclamer que ces voies psychiques soient constituées par les
cellules ou les fibres nerveuses, pas plus que par le système des neurones,
qui, de nos jours, a pris leur place, bien qu'il doive être possible de représenter ces voies, d'une manière encore imprévisible, par des éléments orga-
niques du système nerveux» (*Le mot d'esprit...,* chapitre IV, p. 224).

(123) Cf. — déjà — cette note de l'*Encyclopédie,* à l'article "*Rire*": «nul
ne pourra jamais expliquer comment une idée parvient à susciter les mouvements corporels du rire» (cité par F. Jeanson, in *La signification humaine
du rire,* éd. du Seuil, Paris, 1950, p. 23). Avec une belle ironie, Francis
Jeanson clôt son ouvrage sur le rire — nous évoquerons sa thèse dans une
note ultérieure — par un «*Appendice... afin de faciliter au lecteur l'accès à
certains points de vue qui diffèrent du nôtre*». Il cite notamment le *Traité de
psychologie* de G. Dumas («les centres réflexes du rire sont situés dans cette
même région opto-striée qui contient tous les centres réflexes de l'expression émotionnelle»), et les essais de L. Fabre («Le rire est une vive réaction mécanique d'organes anatomiques: 1° dont l'état immédiatement anté-
rieur a correspondu à une sous-innervation volontaire ou à une
vasoconstriction ou aux deux réunies; 2° dont la cessation de cet état a été
brusque et non retenue; 3° ce qui a entraîné le passage à l'état de surin-
nervation et de vasodilatation accompagné de spasmes qui caractérise le
rire [...]. Pour qu'il y ait rire dans les conditions qualitatives de la définition, il faut que la vivacité du changement soit supérieure à un certain
minimum, c'est-à-dire que le volume de l'émotion première ou sa masse,
la vitesse — il faudrait dire plus exactement le carré de la vitesse — de sa
transformation et l'accélération avec laquelle elle se précipite soient suffi-
sants pour que l'impulsion causée par leur produit entraîne l'organisme
vers le nouvel état») et de M. Chapiro («Supposons que la part du risible
pur soit égale à r dans le comique supérieur; la part proportionnelle des
éléments parasitaires p serait, en ce cas, donnée par la formule $p = 1 - r$;
mais si la valeur de r diminue, ainsi que c'est le cas dans les formes infé-
rieures du comique, la part des éléments parasitaires, selon la formule
$p = 1 - r$, augmentera»)...! (cf. F. Jeanson, *op. cit.,* pp. 211 – 213). On peut

bien que, pour lui, cette différence entre psychique et somatique et donc aussi les relations entre eux ne sont pas, contrairement à Descartes, de l'ordre d'une distinction entre deux
substances. Dès lors, on peut bien penser que, comme dans
les spasmes de l'angoisse (où il y va aussi d'une économie de
l'inhibition), comme aussi dans les symptômes somatiques de
l'hystérie — quoique selon des logiques différentes —, le somatique est la scène où se manifeste l'effet des tensions énergé-
tiques et des conflits entre les différentes instances psychiques.
Définir le rire comme la manifestation somatique de la
décharge de l'énergie psychique libérée par l'opération du
Witz est sans doute dire plus que la lettre du texte freudien;
mais ce n'est pas la contredire, ni même la forcer. Samuel
Weber a donc raison de mettre en garde contre la précipita-
tion d'une telle conclusion, qui occulte le *problème* que pose
à Freud le rire, plus que le *Witz*[124]. Car la décharge de l'énergie psychique sous la forme du rire, de l'*éclat* de rire, n'advient pas immédiatement dans l'auteur du mot d'esprit;
elle suppose le plus souvent — et même de manière essentielle — la médiation d'un tiers auquel est adressé le *Witz*.

En effet, comme l'avaient observé avant lui Descartes («il
n'est pas déshonnête de rire lorsqu'on entend les railleries
d'un autre [...]; mais lorsqu'on raille soi-même, il est plus
séant de s'en abstenir»[125]) et Kant (à propos du «farceur» qui
nous fait rire «tout en se gardant de partager nos rires»[126]),
Freud montre que souvent l'auteur du mot d'esprit se garde
lui-même de rire — c'est ce qu'on appelle le "pince-sans-
rire" — et jouit plutôt de faire rire celui devant qui il énonce

---

imaginer que nos actuelles neuro-sciences nous réservent d'aussi belles trou-
vailles...

(124) Cf. S. Weber, *art. cit.*, p. 66.

(125) Descartes, *Passions de l'âme,* art. 181.

(126) Kant, *Anthropologie,* §79 (Ak. VII, 262); *op. cit.*, p. 231-232.

son propos (et qui n'est pas le même que celui dont on rit), comme s'il lui fallait voir en autrui la manifestation soma- tique de la décharge pour que soit mieux attestée la puis- sance transgressive de *l'esprit*, et pour qu'il en obtienne «la cer- titude objective de ce que l'élaboration de l'esprit a vraiment réussi»[127]. Cette attestation apportée par le tiers est elle-même essentielle, parce que, sans elle, l'auteur du mot d'esprit per- drait une bonne part du bénéfice que lui vaut son *Witz*. C'est donc une affaire d'économie — et, en ce lieu de son œuvre, Freud traite de l'économie psychique au sens strict de l'éco- nomie gestionnaire[128] —. En effet, si l'énergie psychique, habituellement employée à l'entretien de la censure, est libé- rée au bénéfice d'une libre décharge — donc d'un plaisir —, toutefois la production du mot d'esprit suppose elle-même un effort intellectuel, une dépense d'énergie psychique, donc une peine. Autant dire que, pour l'auteur du mot d'esprit, le bénéfice attendu du *Witz* est largement compromis par la dépense que requiert sa production. En revanche, pour le tiers, bénéfice et dépense ne se compensent pas: n'ayant pas lui-même produit le mot d'esprit, il s'évite la dépense que requiert sa production, de sorte qu'il peut totalement jouir du bénéfice que lui vaut la levée de l'inhibition. C'est donc d'abord lui, le tiers, qui peut décharger dans le rire l'énergie psychique ainsi libérée et non réemployée. Alors, mais alors seulement, l'auteur du mot d'esprit, recevant «*par ricochet*» le rire du tiers, gagne le plaisir que lui vaut son *Witz*. Il peut alors y «mêler» son propre rire — «un rire discret»[129], dit Freud —; mais cela n'est pas absolument

---

(127) *Le mot d'esprit...*, chapitre 4, p. 236.

(128) Cf. la conclusion du chapitre IV, où Freud propose de «com- parer l'économie psychique à la gestion d'une entreprise commerciale» (pp. 237-239).

(129) *Ibid.*, p. 236.

nécessaire, puisque son plaisir est, essentiellement, un plaisir obtenu en quelque sorte par procuration: c'est le tiers qui éclate de rire[130].

Le rire de l'autre, du tiers, est donc essentiel à l'*esprit*. Mais, à dire vrai, ce rôle du tiers n'est pas non plus négligeable dans l'humour, puisque l'homme d'humour parvient à tourner en dérision une situation qui pourtant l'affecte, en en faisant rire un autre par une plaisanterie; ainsi le condamné montant à la potence un lundi et qui déclare: «voilà une semaine qui commence bien!»[131]; ou, à ce qu'on dit, Freud lui-même à son arrivée à Paris, après avoir été expulsé d'Autriche par les nazis: «ils m'ont refoulé»! Mais que ce soit ainsi l'autre qui rit, notamment dans le *Witz*, cela, aux yeux de Freud, n'entame apparemment pas l'explication générale qui rapporte le rire à la décharge somatique de l'énergie psychique habituellement employée à l'entretien de la censure, puisqu'il précise: «Le processus psychique, suscité chez l'auditeur par le mot d'esprit, est dans la plupart des cas la réplique de celui qui se déroule chez l'auteur du mot»[132], la seule différence tenant à ce que la dépense requise par la production du *Witz* est épargnée à l'auditeur. Reste que tout cela porte uniquement sur la *technique* du mot d'esprit en tant que *formation* de l'inconscient; elle ne parle par de l'éclat de rire en tant que tel.

*

(130) Freud explique par une logique "économique" analogue le plaisir de celui qui ne fait que répéter un mot d'esprit. Car, en tant qu'il ne fait que le répéter, il n'a pas dû lui-même prendre à sa charge la dépense de sa production; il devrait donc en rire lui-même, sans la médiation du tiers. Toutefois, dans son cas, son plaisir est compromis par le manque de nouveauté. C'est pourquoi, il adresse le mot d'esprit à un tiers qui, par son rire, lui restitue le plaisir de la fraicheur (cf. *Ibid.*, p. 236).

(131) Freud, *L'humour*, in *Le mot d'esprit...*, p. 355.

(132) *Le mot d'esprit...*, chapitre III, p. 202.

Malgré leurs hésitations ou tout au moins leur inachèvement, toutes ces explications sur la production du rire dans et par le mot d'esprit permettent aussi à Freud de revenir au problème du rapport entre *l'esprit* et l'enfance et d'exposer alors sa conception de la «psychogénèse de *l'esprit*»[133]. A l'origine de *l'esprit,* il y a assurément les jeux de mots (les *Wortspielen*) de l'enfant qui prend plaisir à associer librement des consonances en faisant ainsi l'épargne de l'effort psychique que réclame l'apprentissage de la langue. Mais ces jeux de mots ne produisent aucun effet de sens. Le calembour marque déjà une modification: le jeu de mots y procède toujours par association de signifiants, mais il tente de «conquérir le visa de la critique»[134] en conservant quelque apparence de sens; le calembour est ainsi un mauvais mot d'esprit (comme dans "Rousseau est un roux sot") en ce que le "sens" n'a aucune pertinence avec ce dont il parle. En revanche, dans le mot d'esprit proprement dit, le sens qui surgit du non-sens apparent convient pertinemment à ce qui est visé (on dit alors du mot d'esprit qu'*il fait mouche,* qu'il atteint sa cible au centre); il y a là une sorte de collaboration du processus primaire (tel qu'il s'exerçait librement dans les jeux de mots infantiles) au processus secondaire, pour faire advenir dans le conscient quelque chose qui, sans cela, ne parvenait pas à s'y dire — en tout cas pas aussi immédiatement, pas aussi *astucieusement* —, de sorte que, la barrière de la censure étant transgressée, l'énergie psychique peut librement se décharger. Ainsi, ce qui fait rire, ce n'est pas simplement quelque secret rappel des plaisirs infantiles; mais c'est la décharge de l'énergie psychique habituellement investie dans le clivage du conscient et de l'inconscient.

(133) *Ibid.,* p. 198.
(134) *Ibid.,* p. 197.

Qu'il y ait là une «libre décharge» (*freie Abfuhr*) permettrait peut-être de rapprocher la *technique* du mot d'esprit du
processus de la sublimation. Car dire de l'énergie psychique
habituellement investie dans les représentations qu'elle se
décharge *librement,* c'est en quelque manière dire que cette
énergie est *libérée* de tout investissement spécifique. De même,
dans la sublimation, l'énergie pulsionnelle est libre de toute
spécification téléologique (pas de but sexuel) et objectale
(pas d'objet sexuel). Et, dans l'*esprit* comme dans la sublimation, il y va d'un outrepassement de la censure, donc d'une
manière de s'affranchir de la logique du refoulement[135].
La communication entre l'auteur du *Witz* et le tiers auquel
il s'adresse et dont il reçoit, en retour, l'éclat de rire serait dès
lors analogue à celle qu'on peut supposer entre l'artiste et
son public: de même que l'auteur du *Witz* communique à
son destinataire le plaisir de la *libre décharge* de l'énergie psychique affranchie des contraintes du refoulement, de même
«l'artiste aspire d'abord à une *autolibération* et fait partager
celle-ci, par l'intermédiaire de son œuvre, aux autres hommes
qui souffrent des mêmes désirs réfrénés»[136]. On comprend
donc que Freud ait pu considérer son ouvrage sur *Le mot
d'esprit...* comme une contribution à l'esthétique[137]. Et du
coup, on pourrait aller jusqu'à retrouver une certaine parenté
de Freud avec Kant qui — comme on l'a vu — traitait du
mot d'esprit dans le contexte de son analyse du jugement
esthétique. Et l'on pourrait même ajouter que le «libre jeu»

---

[135] Sur le concept de sublimation et son évolution dans la formation
de la théorie freudienne, nous nous permettons de renvoyer à notre étude:
"Grande est la Diane des Éphésiens", in B. Baas, *Le désir pur (parcours philosophique dans les parages de Jacques Lacan),* éd. Peeters, Louvain, 1992,
pp. 168-175.

[136] S. Freud, *L'intérêt de la psychanalyse,* traduction P.-L. Assoun, in
Résultats, idées, problèmes, éd. P.U.F., Paris, 1984, tome 1, p. 210.

[137] Cf. S. Freud, *Ibid.,* p. 210, note 2.

dont parlait Kant à propos des rapports interfacultaires dans le jugement esthétique (en tant que le jugement se *libère* de la contrainte du concept) trouve une sorte d'écho dans la thèse de Freud: le rire de l'autre manifeste la décharge, donc la libération de l'énergie psychique sur le mode somatique d'une «voix inarticulée et éclatante» — comme disait Descartes —, voix qui n'est donc plus soumise à la contrainte de l'articulation signifiante, qui est donc libérée de la contrainte de la représentation[138]. Nous reviendrons plus loin sur le statut de cette voix.

Cela dit, ce rapprochement entre *technique* de l'*esprit* et processus sublimatoire ne saurait être poussé trop loin. Car, entre eux, il y a aussi une considérable différence: en effet, dans le processus sublimatoire, l'énergie pulsionnelle est d'emblée soustraite à l'action de la censure, elle échappe au refoulement pour emprunter d'autres voies[139]; bref: la sublimation opère

---

[138] Sur cette question du rapport entre rire et représentation, cf. l'analyse de S. Weber, in *art. cit.,* p. 68: remarquant que, au terme de la "partie synthétique" de son ouvrage sur le *Witz,* Freud affirme qu'au-delà de l'épargne ponctuelle de l'énergie psychique il y va d'un allégement général de la dépense psychique, allégement qui suppose que cette énergie ne trouve plus un nouvel emploi (*Verwendung*), qu'elle ne soit plus l'objet d'aucune ordonnance (*Verfügung*) [cf. Freud, *Le mot d'esprit…,* p. 239], S. Weber ajoute ce commentaire: «"Libre décharge" ne signifie donc pas simplement l'évacuation ou l'élimination de l'énergie psychique en pure motilité, c'est-à-dire en mouvement physique. Pour se transformer en rire, la décharge doit être libérée de toute *Verwendung* ou *Verfügung* utilitaire, bref, de toute relation stable à quelque but, quelque fin ou quelque *représentation* que ce soit. Ceci, toutefois, ne veut pas dire que la libre décharge du rire n'a aucun rapport avec de telles représentations». Toutefois, S. Weber ne s'intéresse guère au statut de la voix dans le rire; pour notre part, ce point nous semble essentiel, comme cela sera montré plus loin, à partir des embarras de Lacan face au problème du rire.

[139] Cf. cette remarque de Freud à propos de la sublimation de l'investigation sexuelle infantile: dans le cas «le plus rare et le plus parfait», dit-il, «la libido se *soustrait* au refoulement, elle se sublime *dès l'origine* en curiosité intellectuelle. […] La pulsion peut *librement* se consacrer au service

indépendamment de la censure; elle agit — si l'on peut dire — en amont du refoulement. En revanche, dans le *Witz*, la censure et donc le refoulement sont essentiels, car c'est précisément l'énergie employée à l'entretien de cette censure qui se trouve libérée et donc en quelque sorte détournée; mais elle ne peut être détournée de la censure que pour autant qu'elle était tout d'abord entièrement *tournée* vers elle pour la servir. On pourrait ainsi signifier cette différence décisive: dans la sublimation, l'énergie psychique *contourne* la censure, sans être concernée par elle; dans l'*esprit*, elle se *détourne* du service de la censure, de sorte que sa décharge n'est libre que pour autant qu'elle est libérée de ce service. Et c'est bien à ce titre — en tant qu'elle provient de ce service de la censure — qu'elle se décharge sous la forme de l'éclat de rire.

On pourrait encore ajouter cette autre différence: dans la sublimation, la pulsion sexuelle est dépouillée de son caractère sexuel, elle est *libido* désexualisée et réinvestie dans le narcissisme[140]; en revanche, dans le *Witz*, le caractère spécifique de la pulsion (pulsion sexuelle ou pulsion agressive) peut être conservé comme tel. Ainsi, dans le cas des mots d'esprit que Freud qualifie de «tendancieux»[141] (ce que ne sont pas tous les mots d'esprit), cette transgression de la censure se fait aussi au profit d'une pulsion inconsciente. Les mots d'esprit tendancieux sont les plaisanteries hostiles (*i. e.* les plaisanteries humiliantes pour qui en est l'objet, autrement

actif des intérêts intellectuels» (S. Freud, *Un souvenir d'enfance de Léonard de Vinci,* traduction M. Bonaparte [ponctuellement modifiée], Gallimard — "Idées", Paris, 1977, p. 35 [nous soulignons]).

(140) Ainsi, dans *Le moi et le ça* (in *Essais de psychanalyse,* traduction S. Jankélévitch, Petite Bibliothèque Payot, Paris, 1968, p. 199), Freud pose la question de savoir «si toute sublimation ne s'effectue pas par l'intermédiaire du moi transformant la libido sexuelle en une libido narcissique et posant à celles-ci des buts différents».

(141) *Le mot d'esprit...,* chapitre II, pp. 141 sqq.

dit: la moquerie) et les plaisanteries obscènes (c'est-à-dire celles qui impliquent une sorte de complicité sexuelle avec celui qu'on cherche à faire rire). Dans ces mots d'esprit tendancieux, la transgression du barrage de la censure, donc la levée occasionnelle du refoulement, non seulement permet (comme dans le cas général) de libérer l'énergie psychique habituellement consacrée à maintenir cette censure, mais de plus elle offre à la pulsion agressive (dans le cas du mot d'esprit hostile) et à la pulsion sexuelle (dans le cas du mot d'esprit obscène) l'occasion, en quelque sorte inespérée, de décharger leur propre énergie. C'est en quelque sorte un double profit pour l'inconscient, puisqu'il gagne la possibilité de décharger tout à la fois l'énergie investie dans la censure et l'énergie contenue dans les pulsions.

Mais alors, on doit, ici encore, pousser plus loin la conclusion de Freud. En effet: comment se refuser ici à rapporter ces deux pulsions aux deux composantes du complexe œdipien? Car, dans l'histoire du sujet, dans le développement de son psychisme, le meurtre du père est le prototype de l'agression; et la possession de la mère le prototype de l'acte sexuel. On pourrait en conclure que le mot d'esprit tendancieux procède toujours de l'une des composantes du complexe œdipien. Certes, Freud ne formule pas cette conclusion. Mais, s'il s'en abstient, c'est probablement parce que le mot d'esprit tendancieux n'est, à ses yeux, qu'un mode particulier du mot d'esprit. On pourrait toutefois se risquer — à partir de Freud, et même si cela excède ses propos — à généraliser cette conclusion. En effet, ce qui advient dans le rire provoqué par le mot d'esprit, c'est à la fois la transgression de la censure et la décharge somatique de l'énergie psychique. Or transgresser le barrage de la censure, c'est passer outre l'interdit que pose le *Surmoi*, dont le père est la figure originaire; c'est donc, en quelque manière, tuer le père. Et s'abandonner à la décharge somatique de l'énergie psychique est strictement de même nature que le plaisir sexuel, dont le prototype — comme on vient de le dire — est le rapport sexuel avec la mère. Avec et malgré Freud, la conclusion s'impose: rire, c'est toujours tuer le père et posséder la mère.

Assurément, à suivre ainsi les analyses de Freud — et au-delà même de leurs conclusions explicites —, on s'est sensiblement éloigné des réflexions de Kant! C'est le moins qu'on puisse dire... Pourtant, malgré l'abîme qui les sépare, leurs thèses se rejoignent en quelques points qui ne sont pas inessentiels. L'un et l'autre, chacun à sa manière (et sans doute Freud bien au-delà de ce que Kant aurait pu soupçonner) reconnaissent que le rire participe du jugement, c'est-à-dire d'une certaine manière astucieuse d'associer des représentations. Et, pour chacun d'eux, cette association consiste à court-circuiter un raisonnement pour faire advenir un sens dans une apparente absurdité. De plus, leurs explications du plaisir qui accompagne ce rire ne manquent pas non plus d'une certaine parenté: si, pour Kant, le plaisir en général advient lorsqu'est dépassé ce qui fait obstacle au «déploiement de la vie»[142], en particulier le plaisir de rire jusqu'aux larmes est une façon de se «libérer de ce qui entrave la force vitale»[143]; de manière analogue, pour Freud, le plaisir de rire vient de ce qu'une partie de l'énergie psychique est libérée de l'obstacle de la censure. C'est dire que, pour Freud comme pour Kant, il n'est pas essentiel au rire que le sujet cherche à y affirmer sa supériorité par humiliation d'autrui (cette humiliation n'est en jeu que dans la moquerie malveillante, dans le mot d'esprit hostile): «en principe, le comique est indépendant du sentiment de supériorité»[144]. L'essentiel tient plutôt à la levée de ce qui fait obstacle à une certaine

---

[142] Kant, *Anthropologie*, §60 (Ak. VII, 231); *op. cit.*, p. 189.

[143] *Ibid.*, §76 (Ak. VII, 255); *op. cit.*, p. 223.

[144] Freud, *Le mot d'esprit...*, chapitre VI, p. 307.

dynamique (force vitale ou énergie psychique): quelque chose comme ce que Spinoza aurait appelé une augmentation de la puissance d'agir; c'est pourquoi — bien qu'il n'en ait pas dit davantage — Spinoza faisait «une grande différence» entre la raillerie qui, procédant de la haine, ne peut être que mauvaise, et le rire qui «est une pure joie et [qui], par suite, pourvu qu'il soit sans excès, est bon par lui-même»[145]. Et, de fait, l'expérience nous montre qu'il nous arrive aussi d'éclater de rire lorsque, par une procédure astucieuse mais imprévisible, par un tour d'adresse inattendu, nous réussissons soudainement à surmonter une difficulté. Ainsi lorsque nous trouvons inopinément la solution d'un problème, intellectuel ou pratique: nous nous réjouissons de cette sorte de miracle qui nous économise tant d'efforts, et nous en rions joyeusement. Le rire, ici comme dans le mot d'esprit, ne procède d'aucun calcul comparatif de notre supériorité. C'est un rire souverain, où l'on se réjouit de s'être joué des contraintes, alors même qu'on ne l'avait pas voulu; un rire spontanément transgressif et absolument libre: un rire digne de la souveraineté des dieux.

Nous aurons à revenir sur le sens d'un tel rire souverain et même sur la possibilité d'une souveraineté du rire. Ou, plus précisément encore: sur la question de savoir si la possibilité de la souveraineté du rire ne tient pas, justement, à ce qu'il est en excès de tout sens. Car la souveraineté du rire ne saurait être simplement comprise comme ce que Spinoza, dans la citation précédente, appelle la «pure joie». La *pureté* de cette joie tient — très classiquement — à ce qu'elle n'est pas mêlée de la haine qui fait la bassesse de la raillerie. C'est une pureté en quelque sorte négative. Et on voit mal pourquoi Spinoza redouble la condition négative de cette pure joie, en précisant

---

[145] Spinoza, *Éthique,* Livre IV, proposition 45, scolie du corollaire 2; p. 93.

qu'elle doit être «sans excès». En quoi le rire joyeux pourrait-il être excessif? N'est-ce pas aussi bien supposer que la joie elle-même pourrait être excessive? Spinoza ne donne aucune explication de cette condition restrictive. Mais on peut supposer que la raison — logique, discursive, dialectique, signifiante —, dont le sage fait son principe, pourrait se sentir menacée par un rire sans limite qui l'emporterait au-delà des enchaînements discursifs, au-delà de l'articulation logique et signifiante. La souveraineté du rire ne tient pas à sa pureté; elle tient peut-être justement à la puissance d'excès que porte en lui le rire et qui tend à élever le rieur à la hauteur d'une jouissance inespérée et même insue. Si paradoxal que cela puisse paraître, c'est cette puissance d'excès que Lacan, aussi embarrassé que le fut Freud par le problème du rire, n'aura pas perçue, bien qu'il soit possible d'approcher à partir de lui la logique de cet excès.

* *
*

Lacan et le rire de l'Autre

En effet, lorsque, dans le *Séminaire* sur *Les formations de l'inconscient*[146] — *Séminaire* dont toute la première partie est consacrée, selon le titre de l'éditeur, aux «structures freudiennes de l'esprit», donc à un commentaire de l'ouvrage de Freud sur le *Witz* —, Lacan aborde le problème du rire, il a bien du mal à cacher son embarras. Il est d'ailleurs remarquable que ce ne soit qu'au terme de ce commentaire que Lacan songe à se soucier du rire[147]. Et encore: nulle mention

(146) J. Lacan, *Le Séminaire*, Livre V, *Les formations de l'inconscient*, éd. du Seuil, Paris, 1998. La première partie couvre les sept premières leçons de ce séminaire, soit les pages 7 à 139.

(147) Il le reconnaît lui-même: «vous ne pouvez manquer d'être frappés par ceci que, tout en ponctuant que le mot d'esprit est plus ou moins

n'est alors faite de ce qui constituait pour Freud le critère du bon mot d'esprit: l'éclat de rire. S'agissant du *Witz*, Lacan ne parle, incidemment, que d'un «rire discret» (ce qui est une citation de Freud[148]) ou d'un «sourire»[149]; il n'évoque l'*éclat* de rire qu'à propos du comique[150]. Mais ce n'est alors pas pour s'arrêter sur «la question du rire» comme tel, question dont il se contente de noter qu'elle «est loin d'être résolue»[151]. C'est au comique qu'il prête attention, en commençant par brocarder l'ouvrage de Bergson sur *Le rire*. Car c'est du comique, et non du rire, que traitait Bergson[152].

Caractériser le comique par la formule répétitive: «du mécanique plaqué sur du vivant» apparaît à Lacan, non sans raison, une explication «extravagante». Francis Jeanson, avant lui, l'avait déjà noté: «Le mécanique plaqué sur du vivant, c'est l'ouvrage même de Bergson qui nous en fournit l'un des plus frappants exemples: et cet ouvrage, pourtant, ne nous apparaît point "comique"»[153]. Lacan renchérit: «une stéréotypie lamentable qui laisse absolument échapper l'essentiel du phénomène»[154]. Puis, toujours contre Bergson, Lacan reprend

---

accueilli, encaissé par le fait que vous le sanctionnez d'un rire discret, ou tout au moins d'un sourire, je n'ai pas abordé jusqu'à présent la question du rire» (*Ibid.*, p. 129).

([148]) Cf. *supra*, p. 44 et note 129.

([149]) Cf. le texte qui vient d'être cité, à la note 147.

([150]) *Ibid.*, p. 131 (cf. *infra*, pp. 55-56, et notes 157 et 158).

([151]) *Ibid.*, p. 129.

([152]) Cf. le titre et le sous titre du livre: *Le rire — Essai sur la signification du comique.*

([153]) F. Jeanson, *op. cit.*, p. 181.

([154]) J. Lacan, *op. cit.*, p. 130. Pour ne pas rater une occasion de rire, voici tout le paragraphe: «Je ponctuerai simplement au passage que rien n'est plus éloigné de devoir nous satisfaire que la théorie de Bergson, du mécanique surgissant au milieu de la vie. Son discours sur le rire reprend de façon condensée et schématique le mythe de l'harmonie vitale, de l'élan vital, caractérisée par sa prétendue éternelle nouveauté, sa création permanente. On ne peut manquer d'en percevoir le caractère extravagant quand

à son compte le jugement de Freud qui disait que le sentiment du supériorité du rieur n'est pas essentiel au comique ou au risible en général. Pourtant, la thèse qu'il esquisse en ce point n'est peut-être pas si étrangère à Bergson qu'il ne veut bien le dire. En effet, Lacan entend montrer «qu'il y a un rapport très intense, très serré, entre les phénomènes du rire et la fonction chez l'homme de l'imaginaire»[155], en tant que l'imaginaire est articulé au narcissisme. La formation du moi a pour «fondement même» cette «ambiguïté»: le moi «s'érige par rapport à son semblable», c'est-à-dire par rapport à «l'image de l'autre», si bien que son propre être en tant qu'«être narcissique» est lié à cette image de l'autre. En clair, cela signifie, que l'individu s'appréhende lui-même en considération de l'importance qu'il donne imaginairement à son semblable, quel qu'il soit. Lacan précise alors: «C'est dans ce champ [*i. e.* le champ de l'imaginaire dans son rapport au narcissisme] que le phénomène du rire est à situer. C'est là que se produisent ces chutes de tension auxquelles les auteurs[156] attribuent le déclenchement du rire. Si quelqu'un nous fait

on lit qu'une des caractéristiques du mécanique en tant qu'opposé au vital, ce serait son caractère répétitif, comme si la vie ne nous présentait aucun phénomène de répétition, comme si nous ne pissions pas tous les jours de la même façon, comme si nous ne nous endormions pas tous les jours de la même façon, comme si on réinventait l'amour chaque fois qu'on baise. Il y a là véritablement quelque chose d'incroyable. L'explication par le mécanique se manifeste elle-même tout au long du livre comme une explication mécanique, je veux dire qu'elle tombe dans une stéréotypie lamentable qui laisse absolument échapper l'essentiel du phénomène».

[155] *Ibid.,* p. 131.

[156] Lacan songe évidemment à Kant, dont il expliquait, un peu plus haut: «Pour Kant, [le rire] est un mouvement spasmodique avec une certaine oscillation mentale qui serait celle du passage d'une tension à sa réduction à rien, une oscillation entre une tension éveillée et sa brusque chute devant l'absence de quelque chose censé devoir lui résister après son éveil de tension» (*Ibid.,* p. 129).

rire quand il tombe simplement par terre, c'est en fonction de son image plus ou moins pompeuse à laquelle nous ne faisions même pas tellement attention auparavant. Les phénomènes de stature et de prestige sont à tel point la monnaie courante de notre expérience vécue, que nous n'en percevons même pas le relief»[157]. Autrement dit: pour peu que le semblable — et, encore une fois, peu importe quel semblable — vienne à chuter de la stature que lui confère secrètement l'imaginaire, alors «le rire éclate». L'image est alors «libérée»; cela veut dire, tout à la fois: ce qui ne se soutenait que de cette image, c'est-à-dire non pas tant le semblable que le moi du rieur lui-même, est libérée, le temps d'en rire, de la contrainte narcissique; et, du même coup, l'image se maintient par elle-même sans le support qui faisait en quelque sorte sa raison d'être, si bien qu'elle apparaît dépourvue de sens. Lacan poursuit: «Le rire éclate pour autant que le personnage imaginaire continue dans notre imagination sa démarche apprêtée alors que ce qui le supporte de réel est là planté et répandu par terre. Il s'agit toujours d'une libération de l'image. Entendez-le dans les deux sens de ce terme ambigu: d'une part quelque chose qui est libéré de la contrainte de l'image, d'autre part l'image elle aussi va se promener toute seule. C'est ainsi qu'il y a quelque chose de comique dans le canard auquel vous avez coupé la tête et qui fait encore quelques pas dans la basse-cour»[158].

Il est tout de même remarquable que Lacan — dans cet exemple du canard à la tête coupée qui vient doubler l'exemple du passant qui chute — retrouve exactement le propos de Bergson: ce qui fait l'être même de l'objet considéré (homme ou canard) est interrompu, défait, et ne demeure que ce que Bergson appelle une mécanique. L'image qui donnait toute

---

(157) *Ibid.*
(158) *Ibid.*, p. 131.

qui serait le Témoin universel. Reste que cette figuration de l'Autre comme Autre divin implique une double idée: d'une part il y a référence à un autre, à quelqu'un d'autre (même si Dieu n'est pas "quelque" un, un quelconque un); et d'autre part, il y a référence à une instance universelle ou, comme le suggère ici Lacan, à une instance totalisante.

Cette seconde idée (celle d'une instance universelle ou totalisante) renvoie bien évidemment à la notion de l'Autre entendu comme trésor des signifiants: l'Autre comme *la langue* ". Or, comme le rappelle alors Lacan, «dans tout acte de langage, si la dimension diachronique est essentielle, une synchronie est aussi impliquée» du fait de «la possibilité permanente de substitution inhérente à chacun des termes du signifiant» [165]. Cette possibilité substitutive (qui se joue au niveau même des signifiants) est la possibilité même de la métaphore. Certes, quand on parle de métaphore, on pense poète. Mais on ferait mieux de penser à ce qu'il y a d'authentiquement *poiétique* dans l'énoncé du poète, c'est-à-dire production d'un sens nouveau par un déplacement introduit dans le code de la langue. «C'est dans le rapport de substitution que gît le ressort créateur, la force créatrice, la force d'engendrement [...] de la métaphore» [166]. Et cet engendrement d'un sens nouveau par déplacement (lequel est aussi lié à la condensation — Lacan le rappelle: «il n'y aurait pas de métaphore s'il n'y avait pas de métonymie» [167] —), cela est propre de la langue en général, dans sa formation incessante, dans le devenir de ses modifications. Lacan en donne un très bel exemple avec l'adjectif "*atterré*" dans lequel entendons habituellement la "*terreur*", qui pourtant ne trouve pas étymologiquement, au dépens du signifiant

Ibid., p. 31.
Ibid.
Ibid., p. 75.

son importance au passant — et peu importe qu'il fût Thalès ou Don Quichotte; n'importe quel passant fait aussi bien l'affaire — est maintenant "libérée", c'est-à-dire détachée de son support. Et c'est cela, pour une part, qui fait rire. Pour une part seulement, car l'autre part — et celle-ci n'est pas repérable dans Bergson — est aussi essentielle: c'est l'être même du rieur qui est aussi interrompu et donc en quelque façon dévoilé, en tant qu'il se soutenait lui-même, à son insu, de cette image conférée au semblable [159]. Mais, curieusement, Lacan ne thématise pas davantage cette seconde part de l'explication du rire dans son rapport à l'imaginaire, part qui implique quelque chose à quoi Freud n'a pas été étranger et qu'on peut nommer: la part d'autodérision qu'implique peut-être toujours le rire. Nous aurons à y revenir, tant cette part est essentielle.

Toujours est-il que Lacan, comme il le déclare lui-même, n'entend pas faire une théorie du rire [160]. Et, de fait, dans tout son commentaire de la théorie freudienne du *Witz*, il n'est jamais question de cet éclat de rire auquel Freud attachait tant d'importance. Peut-être est-ce un effet symptomatique de cet effacement: du rire *éclatant*, le signifiant de l'*éclat* glisse au *Witz* lui-même: le mot d'esprit est «la forme la plus

[159] On notera que, dans la citation précédente, Lacan parle de «comique», et non simplement de risible, à propos du canard à la tête coupée. C'est dire que le comique relève peut-être en propre de la dimension imaginaire. Quoi qu'il en soit, on rapprochera tout cela de ce que dira Lacan du comique dans la séance introductive au *Séminaire* sur *Les quatre concepts...*, à propos de «l'excommunication» dont il venait d'être frappé: «Si la vérité du sujet, même quand il est en position de maître, n'est pas en lui-même, mais, comme l'analyse le démontre, dans un objet, de nature voilé — le faire surgir, cet objet, c'est proprement l'élément de comique pur» (J. Lacan, *Le Séminaire*, Livre XI, *Les quatre concepts fondamentaux de la psychanalyse*, éd. du Seuil, Paris, 1973, p. 10).

[160] *Le Séminaire*, Livre V, p. 130.

éclatante» des formations de l'inconscient[161]. On pourrait
donc objecter que, dans ce *Séminaire* où le mot d'esprit est
étudié comme modèle paradigmatique des formations de
l'inconscient, Lacan n'avait effectivement pas à se préoccu-
per davantage du rire, d'autant qu'il déclare que «la question
du rire dépasse très largement aussi bien celle du spirituel
que celle du comique»[162]. Mais c'est peut-être là une manière
de se débarrasser à peu de frais du problème du rire, dans sa
réalité phénoménale. Or comment prétendre rendre compte
de l'importance de la thèse freudienne sur la fonction essentielle du tiers dans le *Witz,* en escamotant le phénomène du
rire dont Freud dit qu'il est le critérium du *Witz* parce qu'il
est cela même — et cela seul — que l'auteur du *Witz* reçoit
en retour de son destinataire? Autrement dit: comment parler du rôle essentiel du tiers dans le *Witz* en passant sous
silence le rire qui seul atteste le rôle de ce tiers? Car la seule
garantie que l'auteur du mot d'esprit reçoit de l'autre à qui
il s'adresse, c'est ce rire de l'autre. Il faudrait donc que ce rire
de l'autre puisse retrouver ici sa place.

*

La formule — le "rire de l'autre" —, à l'écrire avec une
minuscule, se prête aisément au double sens du génitif: soit
le rire en tant qu'il vient de l'autre (c'est ce qui nous intéresse maintenant); soit le rire en tant qu'il prend l'autre pour
objet (rire d'autrui, c'est — comme on l'a vu — la moquerie). On pensera que, lorsque cet Autre prend la majuscule
dont l'honore Lacan — pour l'affecter d'une signification
sur laquelle nous allons immédiatement revenir —, le double
sens tombe: si l'Autre est la fonction qu'incarne le tiers auquel
s'adresse le mot d'esprit, il ne peut alors s'agir que du génitif

(161) *Ibid.,* p. 10.
(162) *Ibid.,* p. 129.

subjectif: le rire qui vient de l'Autre. Mais, au
quoi ne pas imaginer qu'on puisse aussi rire de l
pothèse — on le verra — n'est pas si extravag
sons d'abord le sens que Lacan entend donner
le contexte de sa lecture de la théorie freudie

Dans les premières séances de ce *Séminaire*
tions de l'inconscient, Lacan joue d'abord sur
d'une part l'Autre est l'ensemble symboliqu
réfère implicitement dans la formation du *W*
alors logiquement écrit avec une majuscule
l'Autre est celui auquel on en appelle pou
acte ou pour attester la pertinence d'un én
rait être le petit autre, avec minuscule, ma
qu'on va comprendre Lacan (ou tout au
cripteur patenté) maintient la majuscule –
matiser ce double statut de l'Autre, Laca
cher le signe de cette référence ou de cet
la partie somme toute secondaire de la
rituelle du Hirsch Hyacinthe de Heine
le "*famillionnaire* "), c'est-à-dire dans l
au *Witz,* lorsque Hirsch Hyacinthe dit
me doit tous les biens, j'étais assis à côté d
tout à fait comme un égal»[163]. Lacan
le Dieu ici invoqué par celui qui va
le «Témoin universel»[164]; ce qui ve
l'omniscient qui peut sanctionner to
de l'énonciation (ici Hirsch Hyacin
garantie de ce que va produire son é
on ne trouvera pas dans tous les m
tion explicite faite à Dieu comme ce

(163) *Ibid.,* p. 28 (nous soulignons);
pitre 1, p. 21.
(164) *Ibid.*

"*terre*" qui est pourtant la véritable étymologie de *atterré* et qui est par conséquent refoulé dans notre écoute habituelle de cet adjectif[168]. C'est la langue qui est d'essence métaphorique; c'est elle qui produit les substitutions pour engendrer de nouvelles associations de signifiants et de signifiés, et déployer ainsi le «monde du sens»[169]. La métaphore poétique n'est qu'un cas — certes souvent admirable — de cette métaphoricité; le lapsus en est un autre; et le mot d'esprit encore un autre. Dans tous ces cas, il y va d'une différence entre le message et le code de la langue tel qu'il est habituellement reçu et utilisé.

Pour autant, on ne saurait confondre le *Witz* avec n'importe quelle métaphore ni n'importe quel lapsus (même si la "technique" de la formation du lapsus relève, elle aussi, de l'inconscient). Du point de vue de Freud, la différence essentielle est simple: le *Witz* a pour enjeu, sinon pour fin, de faire rire (toute métaphore ou tout lapsus ne fait pas nécessairement rire[170]); son critère spécifique est le rire. Lacan, pour sa part, ne s'intéresse pas à ce critère. Le rire — comme il l'affirme finalement lui-même — n'est pas son objet, et c'est pourquoi il n'en dit pas un mot dans toute son analyse du mot d'esprit. Peut-être alors est-ce parce que le rire peut également advenir dans le comique ou l'humour (lesquels doivent être distingués, selon Freud, du *Witz*) que Lacan entend chercher ailleurs que dans le rire ce qui fait la spécificité du mot d'esprit.

---

[168] cf. *Ibid.,* p. 34.

[169] *Ibid.,* p. 31.

[170] Cf. cette remarque de Freud: «Il est possible que toute technique de l'esprit comporte une tendance à économiser les matériaux expressifs, mais la réciproque n'est pas vraie. Aussi toute ellipse, toute abréviation n'est-elle pas forcément spirituelle» (*Le mot d'esprit…*, chapitre 1, pp. 62-63).

Si l'on ne craignait pas le truisme, on pourrait dire que la spécificité du mot d'esprit est d'être *spirituel.* La question serait alors de savoir ce qu'est l'*esprit,* ce qu'est le fameux *Witz* au sens non simplement de mot d'esprit (ou trait d'esprit), de l'énoncé *spirituel,* mais plus fondamentalement au sens de la faculté à l'œuvre dans de tels énoncés. Lacan pose bien la question de savoir ce qu'est l'*esprit;* mais il n'y répond que négativement: l'esprit ne se réduit pas à la fonction du jugement. C'est dire, implicitement, qu'on ne saurait s'aligner sur les philosophes qui, comme Kant et Schopenhauer notamment, ont fondé leur analyse du rire et de l'*esprit* sur une théorie du jugement. Et, du coup, Lacan recourt lui-même à la locution classique — le fameux *"je-ne-sais-quoi"* — par laquelle a toujours été désigné ce qui, précisément, semble échapper à toute maîtrise du jugement: «Qu'est-ce que l'esprit? […] Qu'est-ce que ce je-ne-sais-quoi qui ici intervient et qui est autre chose que la fonction du jugement?»[171]. Ce n'est donc pas l'*esprit* qui permettra de rendre compte du mot d'esprit; c'est bien plutôt l'inverse: on ne peut comprendre ce qu'est l'*esprit* qu'à condition d'avoir «articulé et élucidé [ses] procédés»[172]. La spécificité de l'*esprit* tient à ce que suppose, comme sa condition de possibilité, le mot d'esprit.

*

Cette condition spécifique, Lacan, s'appuyant sur les analyses de Freud, la trouve dans un double critère — il s'agit bien d'un double critère plutôt que de deux critères, car en réalité l'un ne va pas sans l'autre —. D'une part Lacan insiste sur «la conditionnalité subjective de l'esprit»[173]; il faut

---

[171] *Le Séminaire,* Livre V, p. 67.
[172] *Ibid.*
[173] *Ibid.,* p. 103.

entendre par là que le *Witz* — contrairement au lapsus — est visé comme tel, comme *Witz*, par le sujet qui l'énonce. Lacan rappelle cette sentence de Freud: «N'est trait d'esprit que ce que je reconnais moi-même comme trait d'esprit»[174]. «Et pourtant, ajoute Lacan, j'ai besoin de l'autre» (avec minuscule dans la transcription du *Séminaire*). C'est que, d'autre part, pour que le sujet puisse ainsi accepter le *Witz* en tant que *Witz,* en tant que *spirituel,* il lui faut recourir à l'attestation d'un autre, lequel autre est là, dit Lacan, «en tant que sujet»[175]; cet autre, cet autre sujet — c'est le tiers dont parle Freud —, est absolument nécessaire en tant que c'est à lui qu'on communique le mot d'esprit. Freud notait déjà que la «communication du mot d'esprit» à un tiers a pour première «intention» d'obtenir de ce tiers «la certitude objective de ce que l'élaboration de l'esprit a réussi»[176]. S'il y a là une nécessité de communication, c'est donc parce qu'il faut que s'atteste, dans et par cette communication, la communauté que sont déjà supposés partager l'auteur du *Witz* et cet autre auquel il adresse son *Witz.* Or cette communauté, c'est la communauté symbolique, laquelle est d'abord — mais non exclusivement, comme on va le comprendre dans un instant — communauté linguistique. Voilà pourquoi Lacan annonce que l'altérité de cet autre sujet auquel le mot d'esprit est communiqué procède de l'altérité de «l'Autre avec un grand A»[177]. Et, peu après, il précise effectivement que «cet Autre est essentiellement un lieu symbolique»[178]. Mais cela doit s'entendre non pas au sens strict du

---

[174] *Ibid.,* p. 100; cf. aussi pp. 102-103; et encore *Fonction et champ de la parole et du langage en psychanalyse,* in *Écrits,* éd. du Seuil, Paris, 1966, pp. 270-271: «N'est esprit que ce que j'accepte comme tel».

[175] *Le Séminaire,* Livre V, p. 100.

[176] Freud, *Le mot d'esprit…,* chapitre IV, p. 236.

[177] *Le Séminaire,* Livre V, p. 100.

[178] *Ibid.,* p. 116.

trésor des signifiants, c'est-à-dire de la batterie des signifiants avec lesquels fonctionnent — si l'on peut dire — le sujet du *Witz* et l'autre sujet. Leur communauté symbolique est certes essentiellement linguistique, mais elle est aussi faite des idées reçues, des informations et des connaissances communes. Pour que l'autre sujet puisse jouer la fonction du grand Autre, il faut — dit Lacan qui, pour une fois, reprend là à son compte une thèse de Bergson («c'est, dit-il, la seule chose bonne qu'il y ait dans *Le Rire*») — «il faut que l'autre soit de la paroisse»[179]. On peut donc résumer: l'Autre dont il est ici question est à la fois le lieu symbolique commun et, en même temps, un sujet singulier auquel on s'adresse. On pourrait dire du sujet — ou des sujets, car ils peuvent être plusieurs — auquel on adresse le mot d'esprit qu'il est l'Autre présent sous la forme d'un autre; ou encore: qu'il est un autre investi du pouvoir ou de la puissance de l'Autre[180].

Reste à expliquer l'essentiel: quelle est la fonction, la nécessaire fonction, de cet Autre dans le mot d'esprit? Pourquoi le sujet auteur du mot d'esprit et qui est lui-même celui qui

[179] *Ibid.*, p. 118. À dire vrai, la phrase commence ainsi: «Pour que mon trait d'esprit *fasse rire l'autre*, il faut [...] qu'il soit de la paroisse» (nous soulignons); mais, malgré cette rapide allusion, les explications de Lacan ne portent pas sur le rire de cet autre. Le rire de l'Autre reste le point aveugle de son commentaire de Freud.

[180] Cf. *Ibid.*, p. 117: «La question de savoir qui est l'Autre se pose entre deux pôles. Cet Autre, il nous faut qu'il soit bien réel, que ce soit un être vivant [...]. Mais d'autre part, il y a là aussi quelque chose de quasi anonyme, qui est présent dans ce à quoi je me réfère pour l'atteindre et pour susciter son plaisir en même temps que le mien». Cette ambivalence se retrouve en d'autres occasions chez Lacan, notamment à propos du statut de l'analyste comme autre/Autre (sur ce point, cf. notre étude: *La commissure de l'être*, in B. Baas et A. Zaloszyc, *Descartes et les fondements de la psychanalyse*, éd. Navarin — Osiris, Paris, 1988, pp. 59 à 82); mais, comme Lacan le note lui-même (cf. *Ibid.*, p. 100), elle est particulièrement frappante et décisive dans le *Witz*.

reconnaît dans son "mot" la marque de l'*esprit,* a-t-il besoin de cet Autre pour que soit authentifié le mot d'esprit comme tel?

Pour comprendre la réponse de Lacan à cette question, il faut d'abord rappeler que, dans les leçons de ce *Séminaire* consacrées au *Witz,* Lacan ne cesse de rapporter le mot d'esprit à la logique de la demande et du désir. On sait que, de manière générale, la demande qu'un sujet adresse à un autre (et notamment l'enfant à la mère), du fait même qu'elle doit passer par la médiation linguistique, par la médiation du signifiant, est marquée par un vide, par un manque, et que c'est précisément ce manque qui renvoie à ce qu'il y a d'insu, de caché, donc d'inconscient dans le désir. Or, dans le mot d'esprit, il se produit justement ceci que l'énoncé, tel qu'il est d'abord reçu dans le code courant de la langue, présente un non-sens. Du point de vue de ce code, l'énoncé n'a pas de sens (ou peu de sens). C'est donc d'abord cette absence de sens, cette «béance du message»[181], qui est proposée à l'autre, à l'autre sujet, à l'auditeur du mot d'esprit. Mais, comme l'avait montré Freud et avant lui tous les théoriciens du *Witz,* c'est dans ce non-sens et même *de* ce non-sens que va surgir, par surprise, un sens nouveau, inattendu en regard du code linguistique (c'est le fameux sens dans le non-sens)[182]. Sur ce point, la formulation de Lacan est d'ailleurs une belle trouvaille. Plutôt que de parler de non-sens ou de peu-de-sens, Lacan dit: le «pas-de-sens»[183], en jouant sur l'ambiguïté du

---

[181] *Le Séminaire,* Livre V, p. 122.

[182] C'est ce que signifie, à sa manière — manière non dénuée d'intonation heideggerienne — cette remarque de P. J. About (bien qu'il y soit question de l'humour en général plus que spécifiquement de l'*esprit*) : l'humour est «une révélation de sens par contestation des significations admises; par là, il «révèle en cachant», «il défamiliarise le monde familier par mise en question de certains sens» (P. J. About, *Signification de l'humour,* in Revue de Métaphysique et de Morale, Paris, 1975, n° 3, pp. 352-353).

[183] *Le Séminaire,* Livre V, p. 98.

signifiant "pas": à la fois le "pas" de la négation et le "pas" du passage, comme on dit le "pas-de-vis" ou le "pas-de-Calais". C'est qu'en effet, le non-sens est un «*pas-de-sens*» en cette double acception. Et c'est précisément ce *pas-de-sens* que l'auteur du mot d'esprit vise à faire reconnaître par l'autre. Car du côté de l'autre, du côté du destinataire du *Witz*, les choses se déroulent selon ce qu'en disait déjà Théodor Lipps, dans son article sur *Sidération et illumination dans le trait d'esprit*[184] — dont Lacan, après Freud, semble ici s'inspirer —: dans un premier temps, l'autre ne comprend pas le message, tant la présence du mot insensé est absurde du point de vue du code de la langue auquel satisfait le reste du message (c'est le moment de «la sidération»[185]); dans un deuxième temps — qui suit quasi immédiatement le premier —, il comprend l'effet de sens mais non la manière dont ce sens est produit (c'est ce que Lipps appelle «la compréhension sidérante ou la sidération sur fond de compréhension»); dans un troisième temps, il comprend comment ce sens nouveau a émergé précisément du non-sens (c'est «l'illumination complète», c'est-à-dire — précise Lipps — «cette illumination de la façon dont cela est fait, l'aperception de ce qu'un mot insensé selon l'usage commun de la langue est responsable de tout»[186]). On pourrait ainsi résumer ces trois temps de la

---

(184) Th. Lipps, *Sidération et illumination dans le trait d'esprit,* traduction Ph. Koeppel, in *Le trait d'esprit et l'interprétation psychanalytique,* Apertura n°4, Springer-Verlag France, Paris, 1990, pp. 187-190. L'article de Lipps est extrait de *Komik und Humor,* Hamburg-Leipzig, 1898, pp. 93-97.

(185) Il n'est pas inintéressant de noter que "sidération" traduit l'allemand *Verblüffung* (le verbe *verblüffen* signifie "décontenancer", "ahurir") qui n'est pas sans rapport avec le *bluff* anglais. Celui qui reçoit le trait d'esprit se sent tout d'abord *bluffé,* en ce qu'il perçoit un non-sens dans un message qui pourtant semble par ailleurs sensé. C'est pourtant ce *bluff* qui va lui faire gagner le supplément inattendu de sens et provoquer le rire.

(186) *Ibid.,* p. 188. Et Lipps ajoute, songeant manifestement à la formule kantienne (sur «la tension de notre attente [qui] s'évanouit soudain

réception du *Witz* par l'autre: cet autre perçoit tout d'abord
un non-sens dans le sens; puis il comprend le sens dans le
non-sens; enfin il comprend que ce sens vient du non-sens.
Ces trois temps marquent trois modalités du non-sens; ils se
suivent en un même mouvement dont le continuum est ce
non-sens en tant que ce que Lacan appelle le *«pas-de-sens»*.
La dynamique du *pas-de-sens* (du non-sens comme passage
au sens) tient à cette déclinaison du non-sens selon ces trois
modalités successives.

C'est donc bien l'autre, le destinataire du mot d'esprit,
qui reconnaît que le non-sens est un *"pas-de-sens"*; c'est lui
qui reconnaît que le vide de sens du message, la «béance» qui
troue la chaîne codifiée du message, est la source même d'un
autre sens. Lacan dit que «l'Autre homologue le message»[187];
et c'est bien en tant que tel qu'il a droit — si l'on peut dire
— à sa majuscule, c'est en tant que tel que cet autre est
investi du pouvoir de l'Autre. Mais on manquerait l'essentiel de l'explication si l'on entendait simplement par là que
l'Autre vient reconnaître le sens — tel sens — dans le non-
sens; car ce sens, le sujet auteur du mot d'esprit y a déjà
accédé; il faut bien plutôt entendre ceci: l'Autre vient reconnaître que le sens trouve sa source dans le non-sens. C'est dire
qu'il vient authentifier que ce qui fait vide ou béance dans
le message renvoie à ce qui est hors du champ de la conscience
et qui est donc à situer sur l' *«autre scène psychique»*[188], c'est-
à-dire sur la scène de l'inconscient. Lacan rappelle en effet que,
si le sujet de l'intention signifiante a toujours été classiquement identifié à la conscience, c'est à Freud que l'on doit
d'avoir révélé «l'existence des *Traumgedanken,* des pensées

---

en rien»), que cette illumination est «la résolution complète, c'est-à-dire
la dissolution en rien» *Ibid.*).

[187] *Le Séminaire,* Livre V, p. 101.

[188] *Ibid.,* p. 106.

du rêve»[189] en tant qu'inconscientes, ce qui doit être surtout compris comme pensées en tant qu'elle sont constituées par ce que Freud nommait le «travail du rêve»[190] qui n'est autre que le «travail» de l'inconscient ou même l'inconscient comme «travail», c'est-à-dire comme producteur de ces "pensées" ou représentations. Cela suppose bien une autre scène, voire un autre sujet: le sujet de l'inconscient, à condition toutefois de n'en point faire une nouvelle substance capable de se saisir elle-même par réflexion; ou — pour le dire autrement —, cela suppose un au-delà du sujet qui pourtant travaille et constitue secrètement ce sujet en tant que sujet du désir: l'inconscient. Bien que Lacan ne pointe pas alors le rire comme tel, on peut ainsi résumer cette fonction de l'Autre: le rire de l'Autre signifie au sujet auteur du mot d'esprit que l'Autre a non seulement compris le sens du mot d'esprit, mais qu'il a surtout compris que ce sens trouve sa source dans ce qui fait vide ou béance dans le message, c'est-à-dire l'inconscient en tant qu'il est en même temps la ressource du désir. C'est cela que l'Autre vient authentifier ou homologuer. Et c'est en quoi, comme le dit Lacan, l'Autre est ici «le corrélatif du sujet»[191]. Cette corrélation est ici essentielle. Certes, la

----

[189] *Ibid.* S'agissant de la conception classique du sujet comme sujet de la pensée consciente d'elle-même, Lacan renvoie bien évidemment à Descartes. Mais c'est pour signaler que le recours habituel — scolaire — au *cogito* cartésien est sans doute une manière d'«infléchir» la thèse de Descartes. Il ajoute alors cette étonnante remarque: «Ce *je pense, donc je suis* [...] n'est peut-être d'ailleurs qu'un trait d'esprit. Mais laissons-le sur son plan, car nous n'en sommes pas à manifester les rapports de la philosophie avec le trait d'esprit. Le *cogito* n'est pas effectivement expérimenté dans la conscience de chacun de nous comme un *je pense, donc je suis,* mais comme un *je suis comme je pense,* ce qui suppose naturellement, derrière, un *je pense comme je respire*» (*Ibid.*).

[190] Cf. S. Freud, *L'interprétation des rêves,* traduction I. Meyerson, éd. P.U.F., Paris, 1967, tout le chapitre VI, et notamment p. 431, note 1.

[191] *Le Séminaire,* Livre V, p. 103. On trouve exactement la même formule dans le *Séminaire* sur *Les quatre concepts fondamentaux de la*

conditionnalité subjective de l'esprit assure au sujet auteur du mot d'esprit la *spiritualité* de son mot; mais comme cette *spiritualité* tient à la source inconsciente du *Witz* et comme ce sujet ne peut se rapporter directement en lui-même à cette «*autre* scène psychique» dont procède son *Witz,* il lui faut en quelque sorte chercher cette altérité dans un autre sujet, dans un sujet investi de l'altérité de l'Autre. Voilà pourquoi «l'esprit doit être communiqué»[192], afin que le sujet reçoive de l'Autre l'attestation de la réalité de cette autre scène, l'attestation de la réalité psychique de l'inconscient. Mais cette «communication», au sens que Lacan donne à ce mot — et sur lequel nous allons encore revenir — implique que l'auteur et le destinataire du mot d'esprit aient quelque "communauté": s'ils "communiquent", c'est en cela qu'ils sont, l'un et l'autre, en tant que désirant-parlant, constitués par l'inconscient.

*

Telle est donc l'explication que donne Lacan de ce que Freud appelait le rôle essentiel du tiers. Cela dit, s'agissant de ce rapport aux thèses freudiennes, les explications de Lacan sont loin d'être suffisantes. En effet, il est assez curieux que, dans toute cette partie de son *Séminaire* consacrée au texte de Freud sur le *Witz,* Lacan ne fasse qu'une brève allusion, plus ou moins spirituelle — pour être franc: plutôt vaseuse —, au motif de la *censure,* où il épingle le signifiant du "*sens*", pour suggérer que le mot d'esprit parvient à faire entendre «des choses qui habituellement ne peuvent pas être entendues», en se servant dans l'Autre de ce qui fait justement obstacle à une telle entente — c'est-à-dire l'instance de la censure — comme d'une sorte de «concavité réflectrice»[193].

psychanalyse, à propos du rapport du sujet cartésien à Dieu et du sujet analysant à l'analyste (cf. *Le Séminaire,* Livre XI, p. 37).

[192] *Le Séminaire,* Livre V, p. 103.
[193] *Ibid.,* p. 119.

Le moins qu'on puisse dire, c'est que l'explication est ici un peu courte[194]. Et plus étonnant encore: dans tout son commentaire, Lacan ne dit pas un mot du processus de décharge, alors que ce motif est constant dans les explications de Freud. A dire vrai, on voit mal comment rendre compte de cet incroyable silence, si ce n'est — explication très hypothétique et de toute façon insuffisante — que Lacan entend s'en tenir ici à la relation entre inconscient et langage, sans faire intervenir les processus économiques du psychisme. Mais il y a là, tout de même, une sérieuse élision, qui rend la lecture du texte freudien plutôt lacunaire. Et sans doute cette lacune n'est-elle pas sans rapport avec cet autre silence, déjà signalé: dans tout ce commentaire relatif au *Witz,* Lacan ne parle pas du rire. Du reste, dès la première leçon de ce *Séminaire,* Lacan rendait compte de la fonction de l'Autre par cette remarque: «L'Autre range le message dans le code en tant que trait d'esprit, il dit, dans le code: *ceci est un trait d'esprit*»[195]. Certes, une fois que l'Autre a compris le sens du mot d'esprit et a reconnu le non-sens comme source de ce sens, on peut dire que tout rentre en quelque sorte dans l'ordre du code, y compris la qualification du mot d'esprit en tant que mot d'esprit. Mais, tout de même, comment passer sous silence que cette sanction de l'Autre s'est d'abord manifestée par l'éclat de rire, cet éclat de rire dont Freud dit qu'il est le critère de l'*esprit* ? Car ce que le sujet reçoit d'abord de l'Autre, ce n'est pas un certificat dûment rédigé

---

(194) Elle est même assez obscure, voire contradictoire, puisqu'après avoir tant insisté sur le lieu symbolique dont procède l'Autre, Lacan semble rapporter cette censure à la catégorie de l'imaginaire: «[…] quelque chose résiste, quelque chose qui est entièrement fait d'une série de cristallisations imaginaires chez le sujet» (*Ibid.*). On pouvait alors au moins attendre quelque éclaircissement sur le nouage de l'imaginaire et du symbolique dans la censure.

(195) *Ibid.*, p. 25.

qui authentifie l'*esprit*. Ce qu'il reçoit d'abord de l'Autre, c'est l'éclat de rire. C'est par le rire, par l'éclat de rire, que l'Autre *homologue* le mot d'esprit comme tel, c'est-à-dire comme ce qui procède de l'*autre scène psychique*.

Or — encore une fois — Lacan n'en dit alors rien ou quasiment rien. Il ne dit rien du rire, ni du processus de décharge qui faisait la pointe de l'explication freudienne du rire. Il est même remarquable que, lorsqu'il s'approche de ce problème, Lacan préfère s'en tenir à la question du plaisir procuré par le mot d'esprit (aussi bien pour le sujet que pour l'autre), et ses réflexions concernent alors le rapport de ce plaisir avec le plaisir de l'enfant qui commence à entrer dans la langue. Certes, Freud s'y était aussi intéressé[196]. Mais, comme on l'a vu, il jugeait insuffisante l'explication du plaisir du *Witz* par la seule référence au plaisir de l'enfant qui joue avec les phonèmes des mots qu'il commence à apprendre. A dire vrai, la position de Lacan à cet endroit, est assez singulière puisque l'enfant auquel il se réfère n'est même pas l'enfant qui s'amuse avec les mots, mais c'est le tout petit enfant, l'*infans*, qui est tout juste en train ou qui commence à peine à entrer dans l'aliénation signifiante: «C'est pour autant que le sujet est arrivé avec son trait d'esprit à surprendre l'Autre que lui [le sujet] récolte le plaisir, et c'est bien le même plaisir primitif que le sujet infantile, *mythique, archaïque, primordial* [...] avait recueilli du premier usage du signifiant»[197]. Bien qu'implicite, la référence est claire: l'enfant dont il est ici question est l'enfant tel qu'en parlait l'école kleinienne, ce sujet absolument primitif, situé en quelque sorte entre séparation et aliénation, ce sujet au moment même de son entrée dans la subjectivité. On comprend donc que Lacan qualifie ce sujet de «sujet mythique», tout comme il parlera plus

(196) Cf. *Le mot d'esprit...*, chapitre III, pp. 189 sqq.
(197) *Le Séminaire*, Livre V, p. 99 (nous soulignons).

tard d'un «mythe kleinien» à propos du corps de la mère
dont l'enfant vient tout juste de se séparer[198]. Toutefois, au
moment où apparaît cette évocation de l'enfant, Lacan se
contente de cette seule remarque. Il est en revanche plus
explicite lorsque, bien plus loin dans ce même *Séminaire,*
il revient — de manière assez étonnante — sur la question
du rire infantile afin de reconstruire, sur le mode théorique,
l'avènement de l'enfant à la subjectivité, c'est-à-dire aussi
bien l'avènement du désir comme tel. Résumons, au plus
court, le contexte dans lequel réapparaît la référence à ce
«sujet infantile mythique»: il s'agit alors de rendre compte
du rire de l'enfant qui ne parle pas encore, plus exactement
du rire du tout petit enfant quand un adulte s'approche de
lui avec un masque, puis l'enlève[199]; Lacan constate: «Avant

---

[198] Cf. J. Lacan, *Le Séminaire,* Livre VII, *L'éthique de la psychanalyse,*
éd. du Seuil, Paris, 1986, pp. 127-128.

[199] Cf. *Le Séminaire,* Livre V, p. 331: «Vous mettez un masque, vous
l'ôtez, l'enfant s'épanouit — mais si, sous le masque, un autre masque
apparaît, là il ne rit plus, et se montre même particulièrement anxieux».
Lacan semble avoir été particulièrement intéressé par cette expérience du
masque présenté aux enfants. Déjà dans la première partie de ce *Séminaire,*
lorsqu'il évoquait pour la première fois le problème du rire, il s'attardait
sur cette expérience: «Vous vous approchez d'un enfant avec la figure recou-
verte d'un masque; il rit d'une façon tendue, gênée. Vous vous approchez
de lui un peu plus, quelque chose commence qui est une manifestation d'angoisse. Vous enlevez le masque, l'enfant rit. Mais si sous ce masque vous
avez un autre masque, il ne rit pas du tout» (*Ibid.,* pp. 130-131). On com-
parera, pour s'amuser, avec cet artifice pédagogique de Rousseau, où le rire
de l'enfant advient par imitation du rire de l'adulte: «Tous les enfants ont
peur des masques. Je commence par montrer à Émile un masque d'une figure
agréable; ensuite quelqu'un s'applique devant lui ce masque sur le visage:
je me mets à rire, tout le monde rit, et l'enfant rit comme les autres. Peu à
peu je l'accoutume à des masques moins agréables, et enfin à des figures
hideuses. Si j'ai bien ménagé ma gradation, loin de s'effrayer au dernier
masque, il en rira comme du premier. Après cela je ne crains plus qu'on
l'effraye avec des masques» (Rousseau, *Émile ou de l'éducation,* Livre I,
éd. Garnier-Flammarion, Paris, 1966, p. 72).

toute parole, l'enfant rit», et il précise que ce rire devant le masque est «la première vraie communication»[200]. Par "vraie communication", il ne faut pas entendre ici un quelconque et obscur échange affectif entre deux consciences — en quoi le rire n'a pas à être confondu avec une expression comme le sont les pleurs[201] —. Au contraire, il s'agit bien du concept proprement lacanien de "communication", comme communication avec l'au-delà de ce qui peut s'articuler dans l'ordre symbolique immédiat, c'est-à-dire la communication avec l'inconscient. Le masque indique pour l'enfant qu'il y a autre chose que ce qui se présente factuellement à lui sur un mode symbolique, qu'il y a une autre scène que celle qui se donne immédiatement à lui. Si donc Lacan dit de ce rire de l'enfant qu'il est «la première vraie communication», c'est pour préciser immédiatement que cette vraie communication est «la communication avec l'au-delà de ce que vous êtes devant lui comme présence symbolisée»[202], donc communication avec l'au-delà du symbolique.

En ce sens, le rire est à comprendre comme l'opposé de l'identification. En effet, lorsque l'enfant a affaire à l'autre en tant qu'il est tel autre identifié, c'est-à-dire identifié dans son statut symbolique — père, mère ou quiconque —, il considère en cet autre celui qui est ce qu'il est en tant qu'il exerce telle fonction définie et en quelque sorte indiscutable, indépassable, de sorte que cet autre ainsi identifié oppose à l'enfant une résistance, une limite à son désir. En revanche, lorsque l'enfant rit devant celui ou celle qui est susceptible de lui apporter quelque satisfaction, son rire vise quelque chose qui outrepasse le statut symbolique du sujet présent devant lui: «Tandis que le désir est lié à un signifiant qui est

---

[200] *Le Séminaire*, Livre V, p. 331.
[201] Cf. *Ibid.*, p. 332.
[202] *Ibid.*, p. 331.

dans l'occasion le signifiant de la présence, c'est à l'au-delà de cette présence, au sujet là-derrière, que s'adressent les premiers rires»[203]; et Lacan ajoute: «Le rire communique, il s'adresse à celui qui, au-delà de la présence signifiée, est le ressort, la ressource du plaisir»[204]. Tout semble donc ici s'organiser selon une logique analogue à celle qu'implique la distinction entre plaisir et réalité: dans le rire, c'est au plaisir comme au-delà de la «présence symbolisée» que s'adresse l'enfant; dans l'identification, en revanche, il s'adresse à la réalité de la présence de l'autre dans son statut symbolique, il s'adresse à cet autre en tant que «résistance de la réalité»[205]. Et alors là: «On ne rit plus. On est sérieux comme un pape ou comme un papa. On fait mine de rien parce que celui qui est là vous fait un certain visage de bois, parce que sans doute ce n'est pas le moment de rire»[206]. Voilà pourquoi l'identification est le «corrélatif du rire», au sens où elle en est «l'opposé» ou «le contraire»[207].

Le rire peut être ainsi défini comme une manière de transgresser l'ordre de l'identification symbolique; donc comme une manière de retrouver quelque chose de ce que fut la jubilation de ce sujet infantile mythique lorsque, avant toute

[203] *Ibid.*, pp. 331-332.

[204] *Ibid.*, p. 332.

[205] *Ibid.*

[206] *Ibid.* La rhétorique de cette leçon, avec sa part d'improvisation propre à l'oral, est un peu ambiguë; il faut donc veiller à ne pas s'égarer sur les référents des pronoms "on" et "vous": ici, "on" et "vous" désignent l'enfant lui-même, même si "on" est sérieux comme un *pape-papa;* mais c'est que l'autre qu' "on" a devant soi est justement tel autre identifié dans son statut symbolique, tel autre qui peut bien être, emblématiquement (c'est-à-dire comme emblème de l'identification symbolique), le père lui-même dans son statut symbolique et donc ici surmoïque (la suite du texte fait d'ailleurs explicitement référence au surmoi). Bref: *on* est sérieux comme le «pape» qu'*on* a devant soi et qu'*on* a identifié comme tel.

[207] *Ibid.*

parole, il riait, répondant par là «à tous ces jeux maternels qui sont les premiers exercices où lui [était] apportée la modulation, l'articulation comme telle», c'est-à-dire l'articulation de la voix maternelle indépendamment de tout signifiant et donc de tout signifié. On ne forcera pas le trait à retraduire ainsi cette thèse: rire, c'était, pour cet *infans,* jouir de la mère hors la loi du père non encore advenue; et, pour l'adulte, rire, c'est ainsi rejouer quelque chose de cette jouissance avec la mère en transgressant la loi de l'identification symbolique qu'emblématise le père. La formule que nous avions risquée avec et au-delà de Freud pourrait bien trouver ici sa confirmation: rire, c'est tuer le père et posséder la mère.

En effet, il faut ici rappeler que toute cette explication du rire comme outrepassement du plan de l'identification symbolique était partie de l'évocation du rire du petit enfant devant le masque, ce rire qui précède toute parole[208]. Et c'est

---

[208] S'il fallait rendre précisément compte de la fonction de ce passage dans l'économie générale de ce *Séminaire,* on ne pourrait négliger l'étonnante version du graphe qu'y propose alors Lacan (cf. *Ibid.,* p. 333). En effet, si toutes les autres versions de ce graphe dans ce même *Séminaire* peuvent être comprises comme autant d'étapes dans l'élaboration de ce que Lacan exposera plus tard comme *le* graphe du désir (cf. *Subversion du sujet et dialectique du désir dans l'inconscient freudien,* in *Écrits,* p. 817), celle qui accompagne cette explication de la corrélation du rire et de l'identification est assez étrange, puisqu'y est inscrit, sur la ligne de l'articulation signifiante, le mouvement qui va du rire au surmoi (c'est-à-dire de ce qui est au-delà du symbolique à ce qui fait du symbolique la loi), alors que, dans le graphe définitif, on trouve sur cette même ligne le mouvement qui va du signifiant à la voix. Il y a là, au moins, une apparente contradiction, surtout si l'on fait droit à la thèse que nous allons soutenir dans les pages suivantes: le rire est la voix comme *objet a.* Cela dit, si nous n'avons pas ici rendu compte de tout ce qui, dans ce *Séminaire,* se rapporte à la construction du graphe du désir, ce n'est pas pour escamoter la difficulté que présente la lecture de cette version de la page 333; c'est tout bonnement parce que cette genèse du graphe — qui, en dehors de cette singulière version, ne fait aucune place au rire — n'est pas l'enjeu de notre étude.

pourquoi, ce développement sur l'identification impliquait de préciser, comme le fait Lacan, que ce qui se joue dans le rire de l'enfant se retrouve dans le rire qui accompagne le mot d'esprit; car, dans le rire de l'*esprit,* dans le rire *spirituel,* le rire procède — comme on l'a vu — de l'au-delà de ce qui se donne immédiatement à comprendre, donc de l'au-delà du message tel qu'il se donne dans le code habituel de la langue, c'est-à-dire aussi bien de l'au-delà de la demande[209]. C'est donc comme une sorte de rappel du plaisir infantile de rire qu'advient, par et dans le mot d'esprit, le rire de l'Autre qui authentifie, en tant qu'Autre, la transgression du symbolique. Sans doute n'est-il pas évident de suivre précisément l'argumentation de Lacan dans ce passage assez obscur où — manifestement — il tente de rattraper son silence préalable sur le problème du rire; mais on peut maintenant se risquer à en résumer ainsi la leçon: aussi bien chez l'enfant que chez l'adulte, le rire est communication en tant qu'il renvoie à l'au-delà du symbolique, à l'au-delà de l'articulation signifiante, tout au moins à l'au-delà de ce qui est présentement articulé dans l'ordre signifiant. Et c'est bien la logique du passage à cet au-delà, la logique de cet excès sur le symbolique, que Lacan avait implicitement visée par la formule qu'il proposait initialement en guise de définition négative de l'*esprit*: «le je-ne-sais-quoi qui est autre chose que la fonction du jugement»[210].

Reste que cette explication du rire est assez problématique. Le problème concerne bien évidemment la logique qui fait du rire de l'adulte une manière de rejouer le rire de l'enfant. Car le statut de ce sujet-enfant est tout de même très étrange,

---

[209] Cf. *Ibid.,* p. 331: «Le rire est justement lié à ce que j'ai appelé pendant toutes les premières articulations des conférences de cette année sur le trait d'esprit, l'au-delà, l'au-delà de l'immédiat, l'au-delà de toute demande».

[210] *Ibid.,* p. 67 (cf. *supra,* p. 62 et note 171).

assez pour que Lacan le qualifie lui-même de «sujet mythique»; car si le rire de cet enfant précède toute parole, on voit mal comment il pourrait transgresser l'ordre du signifiant, l'ordre symbolique, auquel il n'a pas encore accédé. Et c'est d'ailleurs pourquoi Lacan est ici amené à dire que le signifiant au-delà duquel vise ou renvoie le rire de l'enfant, c'est le «signifiant de la présence»[211], c'est-à-dire la présence de cet autre masqué qui se présente à l'enfant. Certes, on comprend bien la logique de ce rapport où quelque chose est indiqué comme au-delà du masque "présenté" à l'enfant. Reste que la présence n'est pas elle-même un signifiant, en tout cas pas un signifiant linguistique — et il faudrait alors savoir ce que serait le propre d'un signifiant non-linguistique —; la présence est d'autant moins un signifiant que le signifiant — comme Lacan n'a cessé d'en répéter la définition[212] — est bien de l'ordre de la représentation et non de la présence. Mais, quand bien même on se satisferait de cette explication du plaisir du rire chez l'*infans,* on voit mal comment on pourrait y chercher la matrice du plaisir du rire chez l'adulte sans tomber dans ce que Lacan désignera plus tard comme le propre du mythe[213]: le plaisir de l'adulte comme répétition d'une expérience de satisfaction vécue par l'enfant avant son aliénation dans l'articulation symbolique, autrement dit comme répétition d'une jouissance originairement vécue et entre temps perdue. Assurément, la thèse de Lacan dans cette étonnante leçon de son *Séminaire* n'est pas loin d'une telle construction mythique. Et il devait bien s'en rendre compte pour avoir

[211] *Ibid.,* p. 332.

[212] «Le signifiant est ce qui représente un sujet pour un autre signifiant» (cf. notamment *Le Séminaire,* Livre X, *L'angoisse,* séminaire inédit, leçon du 12-12-1962).

[213] Cf. J. Lacan, *Télévision,* éd. du Seuil, Paris, 1974, p. 51: «Le mythe, c'est la tentative de donner forme épique à ce qui s'opère de la structure».

d'abord qualifié cet *infans* de «sujet mythique» et pour avoir isolé cette explication du rire loin de tous ses commentaires de l'ouvrage de Freud sur le *Witz*. Car cette explication, qui pose au moins une équivalence entre le rire de l'enfant devant le masque et le rire de l'adulte dans le mot d'esprit, implique encore une autre difficulté si on la rapporte aux thèses relatives à la fonction essentielle de l'Autre dans le mot d'esprit. En effet, on ne peut manquer de noter une dissymétrie évidente entre le rire enfantin relatif au jeu du masque et le rire adulte relatif au *Witz*: dans le premier cas, celui qui rit c'est l'enfant lui-même, c'est-à-dire le sujet (même "mythique") face à l'autre qui se présente à lui avec le masque; dans le second cas (le rire de l'adulte), celui qui rit, c'est l'Autre devant qui le sujet énonce le mot d'esprit. Autrement dit: dans le premier cas, il s'agit du rire du sujet; dans le second, il s'agit du rire de l'Autre. Cette différence est telle qu'on voit mal comment le premier pourrait être à l'origine du second. C'est aussi bien dire qu'à se limiter aux thèses de Lacan dans ce *Séminaire* sur *Les formations de l'inconscient,* on voit mal comment la référence au rire infantile comme communication prélinguistique pourrait permettre de comprendre en quoi, dans le mot d'esprit, la sanction de l'Autre advient par l'éclat de rire.

*

Mais, paradoxalement, ces difficultés pourraient bien nous mettre sur la voie de cette compréhension, à condition de les reconsidérer dans l'horizon des thèses ultérieures de Lacan, et cela même si — à notre connaissance — Lacan n'est plus jamais revenu sur le problème du rire comme tel. A cette fin, il faut d'abord reprendre les choses à partir non du rire de l'enfant, mais du rire de l'adulte. Car, comme on vient de le montrer, parler d'un au-delà du symbolique dans le cas de l'enfant qui n'a pas encore accédé à cet ordre symbolique

est une contradiction. En revanche, s'agissant du rire de
l'adulte, parler d'un au-delà du symbolique, donc d'un au-
delà de l'articulation signifiante n'est nullement contradictoire,
puisque la production du mot d'esprit et sa compréhension
par l'Autre impliquent bien une telle articulation signifiante.
Mais qu'est-ce qui, dans le mot d'esprit, excède l'articulation signifiante? Quelle est la part d'excès du *Witz* ? Cette
question est double: elle porte à la fois sur ce qui, dans le mot
d'esprit, fait passer au-delà de l'articulation signifiante et sur
ce qu'est cet au-delà de l'articulation signifiante. Assurément,
l'excès advient par ce que Lacan nomme le non-sens en tant
que "pas-de-sens", c'est-à-dire dans ce qui brouille l'usage
habituel et codifié de la langue et qui produit la fameuse
«*sidération*» dont parlait Lipps. Reste à savoir ce qu'est cet
au-delà de l'articulation symbolique. Certes, dans le *Séminaire*
sur *Les formations de l'inconscient,* Lacan répond précisément:
c'est l'inconscient, l'autre *scène* psychique. Mais, à dire vrai,
cette réponse est trop générale, trop imprécise, d'autant que
Lacan visait alors les *pensées* inconscientes, c'est-à-dire des
représentations qui relèvent aussi d'une certaine articulation
signifiante (même si les processus de cette articulation sont
spécifiques à l'inconscient). En revanche, à s'en tenir à la
manière dont Lacan qualifie le non-sens comme ce qui fait
vide ou «béance» dans le message — «la béance du message» — en référence à la béance du désir dans la demande[214],
on peut penser cet au-delà de l'articulation symbolique, qui
ne peut se manifester qu'en s'y marquant en creux, comme
ce que Lacan nommera, quelques années plus tard,
«la Chose»[215]. Comme on le sait, cette *Chose* — qui n'est évidemment pas sans rapport avec l'inconscient en tant que

[214] *Le Séminaire,* Livre V, pp. 121-122.
[215] Cf., principalement, *Le Séminaire,* Livre VII, *L'éthique de la
psychanalyse,* pp. 55-85.

"*la chose freudienne*" — renvoie au concept par lequel le premier Freud visait la jouissance qu'aurait connue l'enfant dans son union primitive avec le corps de la mère, jouissance perdue que le désir, dans tous ses détours, chercherait vainement à retrouver. Mais ce serait tomber dans le *mythe* que de faire de cette Chose une expérience originaire. Tout au plus peut-on dire — sur le mode de l'irréel — que jouir de la Chose est ce qui *serait* si l'homme n'était pas parlant, s'il n'y avait pas l'aliénation dans l'ordre symbolique. La Chose n'est que ce que suppose, structurellement, l'ordre symbolique dans lequel s'articule le désir, sans être ni avoir été un objet du désir. En ce sens, la Chose est le "je-ne-sais-quoi" qui excède l'articulation symbolique; et c'est pourquoi Lacan a pu la qualifier de «hors signifié»[216], soit aussi bien de "hors-signifiant". Pour autant, ce *hors-signifié,* cette chose en excès sur l'articulation signifiante, n'est pensable qu'à partir de l'articulation signifiante.

Et c'est précisément ce qu'emblématise le mot d'esprit: de même qu'en général le désir est supposé à la demande tout en n'étant «nulle part indicable dans un signifiant de la demande»[217], de même la part *chosique* du désir est impliquée dans le mot d'esprit tout en n'étant explicitée dans aucun des signifiants du mot d'esprit. On peut ici risquer cette formule: la Chose est "*en cause*" dans le mot d'esprit et dans le plaisir du mot d'esprit. Mais il faut bien entendre ici ce qu'implique cette formule: la Chose n'est engagée dans le plaisir du mot d'esprit que pour autant qu'il y a articulation signifiante, que pour autant qu'il y a du discours, de la "*cause*", de la causerie, de la causette; bref: que pour autant que "ça cause". Et — si l'on peut s'autoriser de la parenté étymologique de la cause et de la chose — ça cause même si bien,

---

[216] *Ibid.*, p. 67.
[217] J. Lacan, *Kant avec Sade,* in *Écrits*, p. 774.

dans le *Witz,* que du coup ça *"chose"*... Sans l'articulation signifiante, il n'y aurait pas le plaisir du mot d'esprit, tout bonnement parce qu'il n'y aurait pas de mot d'esprit. Mais, si la Chose est ainsi "en cause", ce n'est pas qu'elle serait elle-même quelque chose; elle n'est "en cause" que par le manque qui la définit comme tel, c'est-à-dire par ce que Lacan nommera plus tard l'*objet a* en tant qu' "objet-cause" du désir.

Ce singulier objet que Lacan désigne comme *objet a* — singulier, parce qu'il n'est pas un objet d'expérience, il n'est pas un objet objectivable — est cet objet toujours-déjà perdu du fait même de l'aliénation signifiante qui constitue le sujet comme sujet du désir. On peut le nommer "objet *chosique*", parce qu'il est comme un reste de jouissance chosique — jouissance supposée et jamais advenue —; mais, comme tel, objet perdu parce qu'il est la part du corps qu'il a fallu sacrifier pour prix de l'entrée dans l'ordre symbolique. C'est pourquoi cet *objet* est toujours lié à quelque chose du corps et c'est en tant que tel qu'il est engagé dans l'articulation signifiante sans être lui-même un signifiant. Dans le cas qui nous occupe ici — le rire, et même l'éclat de rire —, il est évident que cet *objet* ne peut être que la voix, cette voix dont on commence à comprendre que ce n'est pas sans raison que les philosophes la nommaient une «voix inarticulée et éclatante», une voix foncièrement non-signifiante. Certes, la voix est ce dont se soutient tout discours, tout dire; toutefois, elle est ce qui, dans le discours, ne peut pas être dit. De même que le regard est ce qui ne peut pas se voir, de même la voix, comme la définit justement Jacques-Alain Miller, est «ce qui ne peut pas se dire»[218]. Et, comme telle, elle excède l'articulation signifiante, bien que rien ne puisse être articulé dans l'ordre signifiant s'il n'y avait pas la voix. Car, comme

---

[218] J.A. Miller, *Jacques Lacan et la voix*, in *La voix*, Colloque d'Ivry du 23 janvier 1988, éd. Lysimaque, Paris, 1989, p. 183.

l'expliquait déjà Lacan dans le *Séminaire* sur *Les formations de l'inconscient* — bien qu'à cette époque il ne parlât pas encore de l'*objet a*, et même s'il ne songeait pas à rattacher cette remarque sur la voix à la question du rire — la voix est ce qui, sans être un signifiant, fait *passage* entre les signifiants et rend ainsi possible leur articulation, leur enchaînement: «C'est ce passage de l'un à l'autre qui constitue l'essentiel de ce que nous appelons la chaîne signifiante. Ce passage, en tant qu'évanescent, c'est cela même qui se fait voix»[219]. La voix comme ce qui fait passage est ainsi la condition de possibilité non signifiante de la chaîne signifiante[220]. De sorte que

([219]) *Le Séminaire*, Livre V, p. 343.

([220]) Dans une précédente étude sur la voix chez Lacan (cf. B. Baas, *Lacan, la voix, le temps*, in *De la Chose à l'objet (Jacques Lacan et la traversée de la phénoménologie)*, éd. Peeters — Vrin, Louvain — Paris, 1998, pp. 149-253), nous avions montré comment la voix, comme *objet a*, peut être rapprochée de la «voix phénoménologique» dont parle Derrida dans son commentaire de la première *Recherche logique* de Husserl (cf. J. Derrida, *La voix et le phénomène*, éd. P.U.F., Paris, 1967, pp. 85 sqq.): en tant que cette voix est liée à ce que Husserl appelait les processus de rétention et de protention, elle est en effet ce qui doit être supposée comme condition de possibilité à tout énoncé: c'est par elle qu'advient la continuité du flux énonciatif. Mais, à elle seule, cette voix est une énonciation sans énoncé. Dans cette étude, nous prenions appui sur la "leçon" de Lacan consacrée à la voix dans le *Séminaire* sur l'angoisse (Lacan, *Le Séminaire*, Livre X, *L'angoisse*, séminaire inédit, leçon du 5 juin 1963). Nous n'avions pas alors remarqué combien les thèses qu'on peut déduire de cette fameuse "leçon" étaient en quelque sorte préfigurées — et donc aussi confirmées — par cette page du *Séminaire* sur *Les formations de l'inconscient*. Sans doute vaut-il la peine de citer ici toute cette page: «[…] dans ce qui est signifiant, dans le signifiant pleinement développé qu'est la parole, il y a toujours un *passage*, c'est-à-dire *quelque chose qui est au-delà de chacun des éléments qui sont articulés*, et qui sont de leur nature fugaces, évanouissants. C'est ce passage de l'un à l'autre qui constitue l'essentiel de ce qui nous appelons la chaîne signifiante. *Ce passage en tant qu'évanescent, c'est cela même qui se fait voix* — je ne dis même pas articulation signifiante, car il se peut que l'articulation reste énigmatique, mais *ce qui soutient le passage est voix*. C'est aussi à ce niveau qu'émerge

si l'on efface l'un des signifiants de la chaîne, «ce qui reste après effacement, c'est la place où l'on a effacé» et qui n'est qu'une pure voix[221]. Or — bien que Lacan ne fasse pas ce rapprochement — on ne peut manquer de reconnaître un tel effacement dans le non-sens qui est au principe du mot d'esprit. En effet, dans ce que nous avons appelé ici le court-circuit du mot d'esprit, dans ce qui, dans le mot d'esprit, n'est justement pas dit (sinon le mot d'esprit perdrait toute sa *saveur*), dans ce qui fait *vide* ou *béance* dans le mot d'esprit, il y a bien une interruption de l'enchaînement logique du discours — c'est le non-sens dont l'effet est la *sidération* —, il y a bien suspension de la chaîne signifiante, une manière d'*effacer* ce qui ferait l'articulation logique du message: ne reste alors que la voix, la pure voix comme résonance qui rend possible le passage. Mais cette pure voix — pure en tant que pure de tout signifiant —, cette pure voix qui résonne sans rien dire, cette voix, en tant que voix inarticulée, en tant que voix–*objet* qui outrepasse l'enchaînement discursif, en tant que voix d'outre-dire, — cette voix *chosique* ne peut se manifester que comme voix séparée du sujet auteur du mot d'esprit, puisque

ce qui répond à ce que nous avons d'abord désigné du signifiant comme témoignant d'une présence passée. Inversement, dans un passage qui est actuel, il se manifeste quelque chose qui l'approfondit, qui est au-delà, et qui en fait une voix. Ce que nous retrouvons là encore, c'est que, s'il y a un texte, si le signifiant s'inscrit parmi d'autres signifiants, ce qui reste après effacement, c'est la place où l'on a effacé, et c'est cette place aussi qui soutient la transmission. La transmission est là quelque chose d'essentiel, puisque c'est grâce à elle que *ce qui se succède dans le passage prend consistance de voix* (*Lé Séminaire,* Livre V, p. 343; nous soulignons).

[221] *Ibid.* A vrai dire, cette remarque de Lacan sur la voix est précédée par une évocation de l'empreinte du pied de Vendredi dont il montre qu'elle ne devient signifiante que dans l'après-coup de son effacement par Robinson: «A partir du moment où l'on efface, où cela a un sens de l'effacer, ce dont il y a trace est manifestement constitué comme signifié» (*Ibid.*).

ce sujet est sujet de l'articulation signifiante; elle ne peut donc se manifester que comme voix de l'Autre: c'est cette voix — voix inarticulée et non-signifiante — qui revient au sujet sous la forme du rire éclatant de l'Autre.

Voilà donc qui permet de concilier maintenant la thèse de Freud — le critère du *Witz,* c'est l'éclat de rire — et la thèse de Lacan — le propre du mot d'esprit, c'est la sanction de l'Autre —: l'Autre ne peut sanctionner et donc authentifier ou, comme le dit Lacan, «homologuer» le mot d'esprit comme mot d'esprit que par cet éclat de rire qui renvoie au sujet l'objet pulsionnel dont se soutient son discours, c'est-à-dire la voix comme *objet a.* Et cette voix-objet, conformément au statut de l'*objet a,* lui revient alors en tant qu'objet séparé. C'est donc bien à l'éclat de rire de l'Autre que tend le mot d'esprit, c'est-à-dire tout à la fois le fait essentiel de son adresse à l'Autre et les processus de ce que Freud appelait la «technique» du *Witz.* Le rire de l'Autre, dans le mot d'esprit, est le retour sur le sujet de cet objet séparé parce que toujours-déjà perdu et inarticulable qu'est la voix; et c'est ce retour de l'objet *chosique,* le retour de ce reste d'une jouissance à jamais perdue, qui apporte au sujet le plaisir. C'est la médiation de l'Autre qui seule peut réaliser le retour de la pulsion invocante sur le sujet, lui procurant le gain de plaisir dans et par la voix inarticulée et éclatante. A ce titre, le mot d'esprit, dans son rapport essentiel à l'Autre, peut être défini comme un dispositif de jouissance. Et si l'on tient compte de ce que le mot d'esprit fait advenir un sens inattendu dans et par le non-sens ou le "pas-de-sens", on peut préciser: le mot d'esprit est un dispositif de production de sens avec une plus-value de jouissance, c'est-à-dire une production de *"plus-de-jouir".*

*

Tel est donc, dans le mot d'esprit, le statut du rire comme rire de l'Autre. Mais, pour autant que cette analyse concerne spécifiquement le mot d'esprit, la validité de sa conclusion

semble devoir être limitée à ce qui relève en propre de l'ordre symbolique et de sa transgression. Dès lors, cette explication du rire ne saurait être étendue au comique et à l'humour, que Lacan, comme Freud, distinguait précisément du spirituel. Pourtant le comique et l'humour font aussi rire. C'est bien pourquoi Lacan allait jusqu'à dire de la question du rire qu'elle «dépasse très largement aussi bien celle du spirituel que celle du comique»[222], sans doute aussi celle de l'humour. Mais si le mot d'esprit est cette procédure par laquelle le sujet s'expose, par et dans le rire de l'Autre, à l'au-delà de l'ordre symbolique dans lequel s'articule son discours, c'est-à-dire aussi bien son désir, alors on est en droit de se demander si le comique et l'humour ne seraient pas, chacun selon sa logique propre, une autre façon pour le sujet de se rapporter à l'instance *chosique,* un autre accès à cet éclat de jouissance où la voix inarticulée du rire l'expose à l'interruption ou au suspens de ce dont se soutient son existence de sujet.

Car cette existence ne se soutient pas seulement de l'ordre symbolique; elle implique aussi la construction imaginaire de soi en référence au semblable; et elle n'échappe pas à l'épreuve du réel. S'agissant de l'imaginaire, on a vu quelle part il prend, selon l'explication de Lacan, au rire. Et l'on se souvient que cette explication prenait pour exemples la chute du passant et la marche réflexe du canard à la tête coupée, exemples qui relèvent à l'évidence du comique[223].

---

[222] *Ibid.,* p 129.

[223] Cf. *Ibid.,* p. 131. Au demeurant, la suite immédiate de ce passage porte précisément sur le comique. Mais Lacan oriente alors son propos sur le contenu de la comédie, notamment la comédie classique, dont il fait de *L'école des femmes* le véritable emblème en tant que s'y présente, de manière exemplaire, non seulement le comique en amour mais même le comique de l'amour. Certes, dans cette évocation de la comédie, on ne trouve rien qui puisse être rapprochée de ce que nous disons ici du comique sur la base des remarques précédentes de Lacan à propos de la dimension imaginaire

On peut dès lors s'autoriser à penser que si, dans l'*esprit,* le sujet auteur du *Witz* se rapporte à l'autre, au tiers, en tant qu'Autre — l'Autre comme «lieu du symbolique», «lieu du signifiant»[224] —, en revanche, dans le comique, le sujet qui rit se rapporte à l'autre — au tiers dont il rit — en tant que «semblable», c'est-à-dire en tant que l'image de ce semblable — «l'image de l'autre» — est cela par rapport à quoi le sujet «s'érige» et «trouve cette unité de défense qui est celle de son être en tant qu'être narcissique»[225]. Ainsi, dans le comique, le sujet se *libère* — selon la formule qui était alors celle de Lacan — de ce référent imaginaire, de cette image du sem-blable, c'est-à-dire aussi bien de sa propre image narcissique dont se soutient son être. C'est donc sa propre image, son «être narcissique», qu'il considère ainsi avec dérision: il se met lui-même à distance de cette image dont il faisait sa consis-tance; il se défait de cette consistance imaginaire et illusoire. Ainsi libéré, pour un instant, de la contrainte narcissique, et donc dépouillé de son être, il ne lui reste alors plus rien à dire; il ne lui reste qu'à éclater de rire, à n'être plus que cette voix inarticulée à quoi se réduit, pour son plus grand plaisir, son être présent. Nous retrouverons dans un instant cette part d'autodérision qu'implique le rire; et peut-être pas seulement dans le comique. Mais l'important est ici de remarquer que si, dans l'*esprit,* le rire est transgression du symbolique — ce qui implique que ce rire revienne au sujet sous la forme du rire de l'Autre —, il est, dans le comique, une transgression de l'identification imaginaire,

---

qu'implique le rire. Mais c'est que Lacan néglige alors, une nouvelle fois, le rire comme tel; il examine ce qu'il y a de risible dans la situation comique des héros de la comédie de Molière, oubliant que le rire qui répond à ce "risible" est le rire du spectateur (ou du lecteur), pour lequel ces héros sont bien des figures du "semblable".

[224] Cf. *Ibid.,* pp. 116-117.
[225] *Ibid.,* p. 131.

un outrepassement de la contrainte narcissique — ce qui implique de rire de l'autre, du semblable, pour se libérer, à travers lui, de cette contrainte.

Resterait alors à penser le statut propre du rire dans l'humour, dont Lacan ne dit pas grand chose. On peut hasarder l'hypothèse — qui n'est pas simplement "scolastique" — que, si l'esprit concerne le symbolique et le comique l'imaginaire, l'humour pourrait bien se rapporter au réel. Cela peut bien sûr se comprendre d'abord au sens où Freud dit de l'humour qu'il est une manière, pour le sujet, de «se défendre contre une souffrance»[226] que lui impose la réalité vécue, de sorte que le principe de plaisir «triomphe» alors sur le principe de réalité[227]. Mais outre le fait que l'humour, semblablement au mot d'esprit, implique aussi — comme nous l'avons déjà dit — de s'adresser à un autre qu'on cherche à faire rire, il peut aussi être rapporté à la catégorie lacanienne du *réel* comme cet autre nom de la *Chose* en tant qu'impossible-à-dire: ce que vise le sujet par l'humour, c'est le trou du réel, c'est-à-dire ce qui s'appréhende comme la part insoutenable de l'expérience, ce qui, de l'expérience, ne peut pas être dit et qui donc excède l'expérience. Ainsi, dans l'exemple déjà cité du condamné qui fait de l'humour au matin de son exécution[228], cette part insoutenable est sa propre mort comme impossible-à-dire. Ici encore, le rire éclate à l'instant où le sujet se porte à ce qui excède toute possibilité de représentation symbolique et imaginaire. Ne reste alors que l'*objet* chosique: la voix inarticulée et éclatante. Dans l'humour, comme dans le comique et comme dans l'*esprit,* le rire est cette voix-*objet,* cette pure voix qui n'énonce rien parce qu'elle procède de l'excès sur tout ce que le sujet est capable de soutenir par ses

---

[226] S. Freud, *L'humour,* in *Le mot d'esprit…,* p. 372.
[227] Cf. *Ibid.,* p. 370.
[228] Cf. *supra,* p. 45 et note 131.

représentations[229]. Quelle qu'en soit l'occasion, le rire est toujours la part de jouissance qu'implique cet excès.

* *
*

Le rire et le désœuvrement de Dieu (Nietzsche et Baudelaire)

Telle est donc cette puissance d'excès que nous annoncions dans le rire et qui tend à élever le rieur à la hauteur d'une jouissance inespérée et même insue. Il est donc vrai — comme le note Lacan à la suite de Kant et de Freud — qu'en tant que tel, il n'est pas essentiel au rire qu'il s'accompagne d'un quelconque sentiment de supériorité du rieur sur la personne d'autrui, même si cette dimension de moquerie ou d'hostilité est parfois possible. Du reste — on l'a déjà remarqué — le rire joyeux le plus simple, le plus spontané, celui qui accompagne un succès inattendu — lorsqu'est trouvée, *astucieusement,* la solution inespérée à une difficulté ou la ressource pour franchir un obstacle — n'implique aucun calcul comparatif avec la personne d'autrui. C'est dire qu'en ses diverses formes, le rire signe toujours une manière inattendue de se libérer de ce qui fait obstacle ou contrainte. Et c'est en tant que tel qu'il peut s'affirmer comme un rire souverain.

Pour autant que ce rire ne procède pas de l'humiliation d'autrui en vue de se hausser soi-même, la supériorité qui s'y affirme n'est pas supériorité relative, mais supériorité absolue, donc, en ce sens, souveraineté. On ne saurait donc condamner ce rire au nom de la bassesse morale inhérente à la moquerie. Et même s'il prend prétexte de quelque maladresse dans la personne d'autrui, ce rire souverain reste

---

[229] Les hypothèses ici avancées permettraient peut-être de repenser les rapports entre *esprit,* comique et humour — dont Freud a plusieurs fois rappelé qu'ils pouvaient se combiner — à partir du nouage borroméen du symbolique, de l'imaginaire et du réel autour de l'*objet a.*

«bienveillant», «non sarcastique et exempt d'amertume»[230]:
c'est un rire que n'entache aucun ressentiment. Mais cette
façon d'écarter le rire de la moquerie, en tant qu'il impliquerait
quelque malveillance à l'égard d'autrui, manque peut-être de
pertinence psychologique. Car il se peut qu'en riant d'un
autre, loin de chercher à le rabaisser pour se hausser illusoirement soi-même, on rit bien plutôt (et donc on se moque)
de soi-même dans l'autre. On rit alors de ce qu'on a en commun avec l'autre. Freud n'a pas ignoré cette modalité de *l'esprit* tendancieux qu'il appelle «la satire d'une personnalité
collective dont on fait soi-même partie»[231], et dont il trouve
l'illustration exemplaire dans l'humour juif. Mais cette personnalité collective pourrait bien être élargie à l'humanité
elle-même, de sorte que la moquerie consiste alors à montrer que l'autre «participe à l'infirmité humaine»[232]. L'exemple
le plus flagrant en est la raillerie plus ou mois "polissonne",
où l'on s'amuse de voir l'autre "tomber" — décidément, on
ne rit que de chutes —, c'est-à-dire succomber à quelque
tentation sexuelle (la chaire est faible…). La moquerie ne
consiste alors pas tant à s'élever soi-même par humiliation de
l'autre qu'à remettre l'autre au niveau commun: «il n'est
qu'un homme comme toi et moi»[233]. Mais on pourrait aussi
bien inverser la formule: "je ne suis qu'un homme comme
lui". C'est dire qu'alors on rit de soi par *réflexion* dans l'autre.
Et voilà pourquoi le rire peut alors être gaiement partagé par
le railleur et par sa "victime". Rire de l'humanité en l'autre,
c'est rire de notre propre faiblesse à travers l'autre[234]. Et sans

---

(230) Cf. Kant, *Anthropologie,* §79 (Ak. VII, 261); *op. cit.,* p. 231.

(231) Freud, *Le mot d'esprit…,* chapitre II, p. 166.

(232) *Ibid.,* chapitre VI, p. 311.

(233) *Ibid.,* p. 312.

(234) Francis Jeanson le dit à sa manière, critiquant la thèse bergsonienne de la "correction sociale des mœurs" par le rire: «ce n'est pas la
société qui se défend contre tel ou tel comportement: c'est chaque homme

doute était-ce là, même si l'on a pu en critiquer la pertinence, le sens de la thèse de Schopenhauer, lorsqu'il expliquait que nous ne rions jamais que de la faiblesse commune de notre entendement devant le «triomphe» de l'intuition. Prendre en compte cette dimension d'autodérision dans le rire permettrait de faire usage de la thèse freudienne pour rendre compte, autrement que sur un mode simplement moral, de la distinction entre la moquerie innocente ou — comme disait Kant — «bienveillante» (la «raillerie modeste» de Descartes) et la moquerie malveillante (la plaisanterie «hostile» ou «agressive» dont parle Freud): dans la première, on prend l'autre comme occasion de rire de soi (ce qui, du coup, n'empêche pas la pitié ou la sympathie à l'égard de l'autre); dans la seconde, la cruauté du rire vient de ce que nous reportons sur l'autre la cruauté de notre propre *Surmoi*. Cette part d'autodérision qu'implique toujours le rire est sans doute aussi ce que visait Lacan lorsqu'il faisait remarquer que le rire est à situer «dans le champ de l'imaginaire» où l'image narcissique de soi s'articule à l'image de l'autre, de sorte que «le rire éclate» pour autant que l'image est ainsi «libérée», ne laissant à sa place que l'inanité de ce soi qu'elle recouvrait jusqu'alors[235].

Quelque explication qu'on lui donne, on ne saurait donc négliger cette logique de l'autodérision qui se déploie dans nombre de nos plaisanteries. Loin de chercher à nous rendre supérieurs à l'autre, nous raillons à travers lui notre propre faiblesse, la fragilité de notre humanité. Nous rions de notre finitude qui croit pouvoir se consoler d'elle-même par quelque certitude: le mérite de notre travail, l'importance de notre fonction, l'honneur de notre conduite, la noblesse de nos bonnes

qui se défend contre lui-même en s'attaquant à autrui» (F. Jeanson, *op. cit.,* p. 181).

(235) Cf. Lacan, *Le Séminaire,* Livre V, p. 131; *supra,* p. 56.

actions, la hauteur de notre pensée…. C'est la grande comédie («le monde est un théâtre, la vie une comédie» disait
déjà Démocrite; et au moment de mourir, Verdi faisait
écho:«*È finita la commedia*!»), que nous prenons au sérieux,
pour ne pas nous exposer à notre inconsistance. Rire de cette
suffisance en autrui, c'est rire de notre propre suffisance; car
ces certitudes, qui nous consolent de notre faiblesse, sont
encore des faiblesses; elles sont autant de manières de nous
illusionner sur nous-mêmes. Le rire a, pour nous-mêmes, la
même fonction que la maxime qu'on répétait aux empereurs
romains lors de leur triomphe public: "N'oublie pas que tu
n'es qu'un homme". Autant dire: c'est en ne riant pas de soi
qu'on se prend pour un dieu; et un dieu qui lui-même se
prend au sérieux. Les dieux d'Homère, parce qu'ils étaient
capables de rire d'eux-mêmes, étaient moins ridicules que ne
le pensait Platon. Si donc le rire peut être humiliant, c'est
d'abord parce qu'il nous rappelle à notre humilité; il nous
fait *choir* nous-mêmes vers l'*humus,* à l'instant même où
nous pensions nous élever. Mais, pour le coup, nous ne
nous plaignons pas de trébucher; au contraire, nous nous
en réjouissons. Et, dès lors, pourquoi ne pas rire de toutes
les assertions grandiloquentes qui nous assurent de notre
sublimité: l'homme est "le but ultime de la création",
l'homme est "le dessein de Dieu", "l'homme est fait pour
l'infinité", l'homme "maître et possesseur de la nature",
l'homme et sa "destination suprasensible"…? Tous ces grands
mots ne nous assurent de notre sublimité que pour mieux
nous rassurer sur notre consistance, pour mieux nous distraire de la souffrance de notre indépassable finitude. Mais le
rire nous donne la force de nous exposer, sans illusion,
à l'épreuve de notre finitude. Telle est la puissance paradoxale
du rire: il ne prétend pas nous délivrer de notre souffrance,
contrairement aux illusions que nous cultivons sur notre
grandeur ou notre *dignité*; mais, nous délivrant, par la dérision,

de ces illusions mêmes, il nous permet d'assumer joyeusement notre souffrance.

*

Nietzsche n'a pas manqué de souligner le paradoxe: «l'animal le plus souffrant qui soit sur la terre est celui qui a inventé
— le *rire*»[236]. Mais, justement, cette vertu du rire est ce que
nous ont fait oublier toutes les illusions métaphysiques, ou
plus exactement les avatars successifs de l'illusion métaphysique première: l'autre monde, le monde de la vérité suprasensible comme justification de la souffrance et comme promesse
de consolation. De là l'illusion platonicienne de la pure intel-
lectualité, l'illusion antique de l'ascétisme, l'illusion chrétienne
de la rédemption par la souffrance, l'illusion *kœnigsbergienne*
de la destination suprasensible de l'homme…. Autant de versions du *nihilisme,* tel qu'il s'annonce déjà dans le *platonisme,*
comme négation de ce qui fait la vitalité de l'existence; c'est-
à-dire: l'enthousiasme de la création, le débordement de joie,
l'affirmation de soi, la souffrance comme stimulation et non
comme affaiblissement, le sentiment de force, l'augmentation
de la puissance d'agir, l'acceptation souveraine de la mort.
L'illusion métaphysique condamne l'homme à une existence
souffreteuse, maladive: une souffrance lancinante qui se prend
au sérieux parce qu'elle est le gage de la rédemption. Comme
en témoigne déjà Platon, cette métaphysique ne pouvait que
condamner le rire, pour développer gravement son triste savoir.
On lui opposera donc, résolument, le "*gai savoir*", c'est-à-dire
le savoir qui fait place au rire, non pas comme une exception
occasionnelle, mais comme principe du jugement.

Mais ce rire du philosophe du *gai savoir* est double. C'est
d'une part le rire de la raillerie à l'encontre des illusions métaphysiques, et notamment à l'encontre de toutes les formes de

---

[236] F. Nietzsche, *La volonté de puissance,* Livre IV, §541; traduction
G. Bianquis, éd. Gallimard, collection "Tel", tome 2, p. 440.

croyance, même les plus "rationnelles", en la vérité suprasensible: «Il vous faudrait apprendre à rire, mes jeunes amis
[...], peut-être bien qu'alors, sachant rire, vous jetteriez un
jour au diable toutes les consolations métaphysiques, —
et d'abord la métaphysique!»[237]. Rire de la philosophie, se
moquer des philosophes, pour se délivrer de leurs chimères.
De là le style de Nietzsche qui recompose, en un raccourci
astucieux, toute la généalogie du nihilisme (ainsi l' "Histoire
d'une erreur" dans *Le crépuscule des idoles*[238]), qui ne se prive
d'aucun bon mot (la «*moraline*» qui a intoxiqué tous les philosophes[239]), qui ne rate jamais l'occasion de railler la personne
même des philosophes (ainsi Socrate comparé à un «bouffon»,
un «polichinelle»[240], ou aussi bien les diverses qualifications
de Kant, «le grand chinois de Kœnigsberg»[241], «le cul-de-jatte
des idées, le plus rabougri qu'il y ait jamais eu»[242], aussi naïf
qu'un «pasteur de campagne»[243]...), qui même instille quelque
nuance égrillarde dans les concepts les plus graves de la métaphysique (la "vérité-femme", "l'idée" devenant "femme"[244])....
C'est le rire de la dérision, qui fait chuter la philosophie des
hauteurs sublimes (celles du suprasensible) où elle préten-
dait se tenir. Mais, s'il n'était que cela, ce rire moqueur ne

---

(237) F. Nietzsche, *La naissance de la tragédie,* "Essai d'autocritique", §7,
traduction Ph. Lacoue-Labarthe, éd. Gallimard — Folio, Paris, 1977, p. 20.

(238) Cf. *Le crépuscule des idoles,* "Comment le «monde-vérité» devint
enfin une fable", traduction H. Albert, éd. Denoël-Gonthier, Paris, 1970,
pp. 35 – 37.

(239) Cf. Généalogie de la morale, *passim.*

(240) *Le crépuscule des idoles,* "Le problème de Socrate", §§4 et 5, p. 22.

(241) Cf. *Par delà le bien et le mal,* §210, traduction G. Bianquis, éd.
Aubier, Paris, 1951, p. 245.

(242) Cf. *Le crépuscule des idoles,* «Ce que les Allemands sont en train
de perdre», §7, p. 73.

(243) Cf. *Généalogie de la morale,* III, §6, traduction E. Blondel *et alii,*
éd. GF-Flammarion, Paris, 1996, p. 119.

(244) *Crépuscule des idoles,* p. 35.

serait encore guère différent du rire ironique de Socrate, ce rire *démocratique* qui n'était qu'une machine à humilier quiconque cherchait à se distinguer de la populace. Ce serait le rire du ressentiment (le rire de la «petitesse d'esprit» que dénonçait Hobbes[245]). Or rien de plus contraire à l'exigence d'affirmation de soi que de se morfondre dans le ressentiment. C'est pourquoi le rire du *gai savoir* est aussi le rire souverain de celui qui connaît sa finitude sans s'illusionner sur son dépassement, de celui qui éprouve la douleur d'exister mais qui y puise la force de s'affirmer, de celui qui assume les déchirements tragiques de l'existence (entre individu et monde, entre vie et mort, entre destin et liberté, entre création et destruction…) sans recourir aux mesquineries dialectiques de leur relève illusoire. Il en rit parce que rien ne justifie de faire de la vie une "maladie mortelle" et du monde une "vallée de larmes"; il en rit, parce que ce rire est ce qui lui donne la joie. Ce rire n'est pas celui de la moquerie humiliante d'autrui; il ne donne pas une supériorité calculée à proportion de la déchéance d'autrui. Mais il donne, ou plutôt il est la supériorité absolue, la souveraineté de l'affirmation de soi. C'est le rire du *surhomme*, le rire que Zarathoustra appelle le rire de *l'homme supérieur*: «J'ai sanctifié le rire; ô vous, hommes supérieurs, apprenez donc à rire!»[246]; ce qui doit s'entendre: «Apprenez à rire de vous mêmes, comme il faut rire!»[247].

[245] Cf. *supra*, note 32.

[246] F. Nietzsche, *Ainsi parlait Zarathoustra,* IV, "De l'homme supérieur", §20, traduction M. de Gandillac, éd. Gallimard, collection "Idées", Paris, 1971, p. 357.

[247] *Ibid.,* §15, p. 354 (traduction modifiée). Dans une lettre adressée le 20 avril 1883 à Malvida von Meisenburg, Nietzsche, annonçant son *Zarathoustra,* se réjouit: «C'est une histoire admirable: j'ai défié toutes les religions et produit un nouveau "Livre sacré"! Et, soit dit très sérieusement, il est aussi sérieux que n'importe quel autre, bien qu'il intègre le rire

Zarathoustra sanctifiant le rire: tout le contraire du Christ qui sanctifie les pleurs pitoyables des faibles. La figure rédemptrice du Christ est la figure la plus antinomique du rire. C'est pourquoi il faut lui opposer la figure authentiquement tragique de l'artiste. Car un artiste est tragique, en ce que, loin de gémir en l'attente d'une consolation, il puise dans sa souffrance la force de la création. Et il est authentiquement tragique lorsqu'il ne prend pas sa création au sérieux au point de l'éterniser comme un idéal, lorsqu'au contraire il sait que son œuvre est elle-même destinée à *passer*. Tout comme les tragiques grecs se faisaient un devoir d'ajouter à leur trilogie une comédie, «un grand tragique [...], comme tout artiste, n'arrive au dernier sommet de sa grandeur que lorsqu'il sait voir *de haut* lui-même et son art — lorsqu'il sait *rire* de lui-même»[248].

Que ce soit dans le platonisme ou dans le christianisme, le nihilisme est ainsi dominé par la figure du dieu qui ne rit pas. Mais, en amont du nihilisme, il y aura eu les dieux olympiens, qui furent aussi bien, à leur façon, philosophes: «à supposer que les dieux philosophent [...], je ne doute pas qu'ils sachent aussi, tout en philosophant, rire d'une façon nouvelle et surhumaine — et aux dépens de toutes les choses sérieuses! Les dieux sont espiègles. Même pendant la célébration des rites sacrés, ils ne peuvent s'empêcher de rire»[249]. Les éclats de rire des dieux sont des «éclats de rire *dorés*»[250]; et, en tant que tels, ils sont — en lieu et place du Soleil-Bien de Platon — ce qu'il y a de plus éclatant, de plus resplendissant (*gelaô*,

---

à la religion» (cité par P. Sloterdijk, *La compétition des Bonnes Nouvelles — Nietzsche évangéliste,* trad. O. Mannoni, éd. Mille et une nuits, Paris, 2002, p. 38).

[248] *Généalogie de la morale,* III, §3, p. 114.
[249] *Par delà le bien et le mal,* §294, p. 403 (traduction modifiée).
[250] *Ibid.*

en grec, ne signifie pas seulement "rire", mais d'abord "briller", "resplendir", "étinceler"). Ce sont ces dieux dont Zarathoustra affirme qu' «ils sont morts eux-mêmes de rire [...], le jour où de la bouche d'un dieu même sortit de toutes paroles la plus digne d'un impie: "Il n'y a qu'un dieu! N'aie d'autre dieu que moi!"»[251]. Ainsi finit le rire inextinguible des dieux.... Mais c'est ce même rire divin et souverain qu'on retrouve, en aval du nihilisme, dans le rire du surhomme. Car le surhomme n'est ni le cœur mièvre qui pleure et s'apitoie, ni la brute insensible au malheur; mais, en artiste authentiquement tragique, il sait rire du tragique lui-même: «Voir sombrer les natures tragiques et *pouvoir en rire,* malgré la profonde compréhension, l'émotion et la sympathie que l'on ressent, cela est divin»[252]. Les dieux grecs riaient d'un rire *surhumain;* le surhomme rira d'un rire *divin.* L'espace qui les sépare est l'histoire du nihilisme, dominé par la figure du Christ affligé. On peut conclure: le rire est l'Antéchrist; sa puissance de vérité est de renverser l'illusion de la vérité suprasensible, pour faire advenir l'autre vérité: l'homme n'est qu'un déclin et un passage vers le surhomme.

*

Tout cela pourrait bien donner un supplément de pertinence à la maxime que Baudelaire prenait pour point de départ de sa réflexion sur le rire: «Le sage ne rit qu'en tremblant». Car c'est du point de vue chrétien que le rire apparaît maléfique. Pour autant, contrairement à Nietzsche, Baudelaire ne cherche nullement à faire du rire l'élément d'une stratégie anti-chrétienne. Il ne revendique aucun rire surhumain contre la faiblesse humaine. Au contraire, il s'agit

(251) *Ainsi parlait Zarathoustra,* III, "Des renégats", §2, p. 228 (traduction modifiée).

(252) F. Nietzsche, *Nachlass,* 1882-1884.

pour lui de se placer du point de vue chrétien pour comprendre l'essence du rire: «Le rire est satanique, il est donc profondément humain»[253]; ce qui veut dire — n'en déplaise à Nietzsche — ni *trop humain,* ni *surhumain.* Cette part satanique et donc humaine du rire ne tient pas simplement à ce qu'a de «déplorable [...] la faiblesse se réjouissant de la faiblesse»[254]. Car cette faiblesse est celle de la moquerie la plus courante, la plus ordinaire, qui vise dans sa victime tel ou tel défaut que l'on souligne (comme le fait la caricature) pour mieux l'humilier et donc pour affirmer soi-même sa prétendue supériorité; c'est ce que Baudelaire appelle le «comique ordinaire» ou le «comique significatif»[255], en tant qu'il *signifie* précisément tel élément risible propre à l'objet raillé. De ce comique ordinaire Baudelaire distingue le «comique absolu». Certes, il vise alors par là le *grotesque,* en tant que création artistique. Mais, pour autant qu'il précise lui-même que «le comique ne peut être absolu que relativement à l'humanité déchue»[256], on peut légitimement penser que s'affirme alors, du côté du rieur, une supériorité non plus relative mais absolue. La part satanique du rire tiendrait alors à ceci que l'homme revendique sa supériorité absolue (sa souveraineté) à l'instant même où il se rapporte à sa propre déchéance: la chute d'Adam est au principe de ce rire souverain. Non seulement Satan fait chuter l'homme; mais il le pousse à rire de sa propre chute. Il n'y va pas là simplement d'une défaillance morale de l'homme; il y va de son être même.

C'est pourquoi Baudelaire voit dans la contradiction ontologique de l'homme l'essence même du rire: «Comme le rire

(253) Baudelaire, *De l'essence du rire,* IV, p. 227.
(254) *Ibid.,* III, p. 226.
(255) *Ibid.,* V, p. 230.
(256) *Ibid.*

est essentiellement humain, il est essentiellement contradictoire, c'est-à-dire qu'il est à la fois signe d'une grandeur
infinie et d'une misère infinie [...]. C'est du choc perpétuel
de ces deux infinis que se dégage le rire»[257]. Baudelaire
explique: en comparaison des autres créatures, qui n'ayant pas
conscience d'elles-mêmes ne sauraient rechercher un supplément d'être pour affirmer leur supériorité, l'homme éprouve
sa grandeur; en comparaison de «l'Être absolu» dont il a la
conception, l'homme éprouve sa misère, puisqu'il a conscience
de toutes les insuffisances de son propre être, de son infériorité
foncière, de sa finitude. «Grandeur», «misère», «deux infinis»... — même si les concepts ne se recoupent pas précisément, la rhétorique est toutefois assez explicite pour qu'on
y entende plus qu'une simple allusion à Pascal. Aussi bien faut-
il ici rappeler que, chez Pascal, la misère de l'homme — «un
néant à l'égard de l'infini, un tout à l'égard du néant»[258] —
tient à ce qu'il est incapable de «demeurer en repos» pour
se considérer lui-même; le ferait-il qu'il sombrerait dans «l'ennui», «la noirceur» et le «désespoir», car il lui faudrait alors
sentir «son néant», «son insuffisance», «son impuissance»,
«son vide»[259]. C'est pourquoi l'homme se divertit, ne cessant
de courir après mille choses, pourvu que cette course le
«détourne de penser à soi»[260], c'est-à-dire à l'inanité de son
être. Dans cette course, l'homme pense se suffire à lui-même
pour parvenir à son être; mais il n'en aura jamais fini de
courir. S'il demeurait un instant en repos, il s'exposerait lui-
même à sa finitude, à son propre néant; alors, plutôt que se
divertir illusoirement, lui serait donnée l'occasion de se tourner vers Dieu, «car le gouffre infini ne peut être rempli que

----

[257] *Ibid.,* IV, p. 227.
[258] Pascal, *Pensées,* L. 199 (B. 72), "Disproportion de l'homme", *O. C.,*
p. 526.
[259] *Ibid.,* L. 622 (B. 131), "Ennui", pp. 586-587.
[260] *Ibid.,* L. 136 (B. 139), "Divertissement", p. 517.

par un objet infini et immuable...»[261]. Or, à suivre la leçon implicite de Baudelaire, c'est précisément ici, en ce point de la conversion à Dieu, qu'advient le rire. Car si rire n'est pas simplement se moquer d'autrui pour se hausser soi-même, si rire est aussi railler, à travers l'autre, la contradiction essentiellement humaine entre grandeur infinie et misère infinie, alors rire, c'est toujours rire de la finitude. Et ce rire éclate à l'instant même où la conscience de cette finitude devrait rappeler l'homme à son humilité pour qu'il se tourne vers Dieu. Le rire n'occulte pas la finitude (comme le fait le divertissement, c'est-à-dire les occupations très sérieuses par lesquelles nous croyons augmenter notre être); le rire rit de la finitude elle-même[262]. Éclatant de rire, c'est comme si je disais: je sais

---

[261] *Ibid.,* L. 148 (B. 425), p. 519.

[262] Commentant le texte de Baudelaire, Francis Jeanson passe au plus près de cette interprétation du rire comme «intention d'absolu» ou plus exactement comme rapport du sujet à l'impossibilité de sa propre absoluité. Toutefois, les coordonnées résolument "sartriennes" de sa lecture (et, en général, de sa réflexion sur le rire) le poussent à comprendre ce rapport à soi dans l'horizon de la conception "existentialiste" de la liberté comme épreuve de la conscience qui ne saurait échapper à sa "situation": «Il est bien certain que le rire, où nous avons vu une intention d'absolu — besoin de jouissance totale, ou souci de parfaite récupération de soi — constitue sous sa forme la plus générale une récrimination contre le relatif, c'est-à-dire finalement une récrimination implicite du sujet contre sa propre lâcheté à ne point assumer son rôle effectif de sujet. Je ris pour tenter de franchir mes limites soit vers l'être sans inquiétude de la chose, soit vers l'être sans devoir de la conscience pure: soit vers la plénitude de la passion, soit vers la libre transparence d'une pensée sans amarres, agissant par delà toute contrainte. Et, dans le second cas du moins, mon rire est "satanique" dans la mesure où il ne peut pas ne pas demeurer conscient de l'inaccessibilité d'une telle limite» (F. Jeanson, *op. cit.,* p. 179). Assurément, F. Jeanson n'ignore pas l'excès dont procède le rire; mais il pense moins cette puissance d'excès que l'impuissance de la conscience exposée à son indépassable finitude. Et c'est pourquoi sa rhétorique incline davantage à parler du rire comme de «la protestation humaine contre une condition misérable et

bien que je ne me suffis pas à moi-même; mais j'affirme toutefois me suffire à moi-même pour supporter mon insuffisance, pour supporter ma finitude. Autrement dit: je n'ai pas besoin de Dieu pour supporter ma finitude. Le rieur donne congé à Dieu au moment même où il devrait y recourir. Le rire souverain laisse Dieu sans emploi.

On comprend mieux, maintenant, que les Pères de l'Église aient mis tant de force et d'insistance à condamner le rire. Dans son roman "théologico-policier", *Le nom de la rose,* Umberto Eco prête au personnage de Dom Jorge, le vieux moine bibliothécaire qui récuse le rire et garde au secret le deuxième livre de la *Poétique* d'Aristote[263], un certain nombre de propos inspirés des Pères de l'Église à l'encontre du rire; et notamment celui-ci: «En riant, le sot dit implicitement: "*Deus non est*"»[264]. Le sot (*stultus*), c'est-à-dire l'insensé, celui dont l'*Ecclésiastique* disait qu'il «exalte sa voix dans le rire» et dont les *Psaumes* assurent: «Seul l'insensé dit qu'il n'y a pas de Dieu»[265]. Mais, pour autant qu'il parle, on peut encore opposer à cet insensé le discours du bon sens: c'est l'argument ontologique de saint Anselme[266]. En revanche, du point de

relative, et contre le Responsable éventuel de cette condition» (*Ibid.*), qu'à penser le rire comme participation de l'homme à la souveraineté des dieux.

[263] U. Eco, *Le nom de la rose,* traduction J. N. Schifano, éd. Grasset, Paris, 1982. On remarquera que les propos qu'Eco prête à Aristote (en ouverture supposée du second livre de la *Poétique*) ont un petit tour déjà freudien: «Nous montrerons comment le ridicule de l'élocution naît des équivoques entre des mots semblables pour des choses différentes et différents pour des choses semblables, de la logorrhée et de la répétition, des jeux de mots, des diminutifs, des erreurs de prononciation et des barbarismes…» (p. 474).

[264] *Ibid.,* p. 139.

[265] *Psaumes,* XIII, 1.

[266] Cf. Anselme de Cantorbery, *Proslogion,* chapitre 2, traduction B. Pautrat, éd. Garnier-Flammarion, Paris, 1993, p. 41. L'exposé de la fameuse "preuve ontologique" se donne comme une réplique à la déclaration

vue apologétique, le cas du rieur est encore plus désespéré, puisqu'il repousse Dieu non par un énoncé discursif, fût-il insensé, mais par les sons spasmodiques et éclatants d'une «voix inarticulée». C'est la voix détachée du discours auquel elle sert habituellement de support. Car si la voix est ce qui rend possible la parole et donc le discours, elle est toutefois la part non discursive du discours. La voix est ce qui rend possible le dire; mais elle est aussi «ce qu'on ne peut pas dire»[267] — partant, ce qu'on ne peut pas non plus contredire. C'est donc hors discours que le rieur fait advenir le blasphème. Et son rire suffit à gagner à sa cause ceux qui, par contagion, se laissent emporter dans son flot; le prêcheur n'en peut mais. Telle est la puissance du rire: c'est la puissance de faire advenir une vérité qui rend impuissant contre elle tout discours. «La puissance du rire est dans le rieur» dit Baudelaire[268]. Puissance assurément satanique; mais qu'il serait peut-être plus juste de dire diabolique (le verbe grec *diaballô* signifie "désunir", "séparer") parce qu'elle est la puissance qui défait le lien entre l'homme et Dieu. C'est le diable qui s'exalte dans le rire «en déchirant et en brûlant les lèvres du rieur irrémissible»[269]; "irrémissible" comme le sont les fautes qu'on ne saurait remettre ni en ce monde, ni en l'autre. Le rire souverain, comme rire diabolique, exclut le rieur de la rédemption; ou plutôt: par ce rire, le rieur s'exclut de la rédemption. Sur la statuaire des

---

de «l'insensé», lequel est donc bien supposé prendre encore ses repères dans l'ordre du discours et même susceptible d'y retrouver le chemin du "bon sens". Du reste, Gaunilon formulera ses critiques à l'encontre de la "preuve" en se substituant à cet "insensé" («Ce qu'on répondrait à cela à la place de l'insensé»), même si Anselme, dans sa réponse, le rétablira comme «un qui n'est pas insensé, mais un catholique parlant au nom de l'insensé» (Cf. *Ibid.,* pp. 77 et 85).

[267] Cf. *supra,* note 218.
[268] *De l'essence du rire,* IV, p. 227.
[269] *Ibid.,* III, p. 227.

cathédrales, sur les tableaux de la peinture chrétienne, ce sont toujours les diables qui font voir le rictus du rire; les justes qui entrent en paradis font plutôt triste mine.

En ce sens, rire, c'est peut-être toujours — implicitement et à son propre insu —, rire de Dieu. Et si Dieu peut être — comme Lacan l'a plusieurs fois indiqué[270] — la figure du grand Autre, celui vers lequel le croyant est appelé à se tourner pour supporter sa finitude, alors le rire est une manière de dénier à cet Autre le pouvoir de combler le manque, le vide, qui fait la finitude. Par son rire, le sujet, $ (sujet barré du désir), assume ou plutôt revendique la barre du manque qui le constitue comme désirant, mais sous condition de reconnaître la barre qui affecte l'Autre lui-même, la barre qui signifie le manque dans l'Autre. Rire, en ce sens, ce n'est pas rire des autres, même si le plus souvent ces autres en sont le prétexte; mais c'est rire de soi-même en riant de l'Autre pour se supporter soi-même. Cela fait la jubilation du rieur, aussi longtemps que s'exalte son rire. Car la voix qui s'exalte dans le rire est bien la voix qui exulte de s'être émancipée de tout discours, qui jouit d'avoir excédé la logique du sens; elle est la voix à laquelle aucune articulation signifiante ne saurait être opposée, la voix libérée de l'impératif du signifiant, libérée de l'empire de l'Autre. Rire, c'est rire de l'Autre. Et c'est en quoi le rire touche ici à la souveraineté.

*   *

*

Bataille et le rire souverain

La référence satanique ou diabolique n'a donc pas pour enjeu de stigmatiser dans le rire une disposition morale

[270] Cf., entre autres, *Le Séminaire,* Livre XI, p. 37; et, ici-même, pp. 59-60.

malveillante. Elle engage une compréhension de la contra-diction ontologique constitutive de l'humanité. Le rire — pourrait-on dire avec Nietzsche — est au-delà du bien et du mal, parce qu'il excède les intentions malveillantes ou bienveillantes dont peut pourtant se croire animé le rieur. Dans le rire, il n'y va d'aucun bien ni d'aucun mal; il y va de l'être même de l'homme. Ce que Bataille, moins que qui-conque, n'a ignoré[271]; et c'est pourquoi, malgré l'intérêt qu'il reconnaissait avoir pris à la lecture de Bergson, Bataille esti-mait totalement inadéquate à l'expérience du rire la thèse du philosophe; et il jugeait nécessaire de dépasser l'analyse du comique par «une plongée vertigineuse dans la possibilité du rire»[272]. La réflexion de Bataille prend pour point de départ cette simple facétie: je tire la chaise à un personnage sérieux…. En tant que sérieux (ce qui ne signifie pas néces-sairement prétentieux), ce personnage se présentait comme se suffisant à lui-même; c'est précisément cette suffisance que met en échec mon geste facétieux. Il faut donc corriger la formule: «je tire la chaise… à la suffisance d'un sérieux per-sonnage»[273]. Or, devant la chute du personnage, je ris; donc «je perds mon sérieux moi-même, en riant». C'est donc que je mets aussi en échec ma propre suffisance. Certes, dans un cas aussi anodin, cette perte de ma suffisance est sans dan-ger, puisqu'elle est compensée par le gain de supériorité que je retire de l'humiliation de l'autre. Il n'en reste pas moins vrai que, dans son principe, le rire est ce qui me fait risquer ma propre suffisance, «comme si c'était un soulagement

---

[271] Pour les réflexions qui suivent, cf. Mikkel Borch–Jacobsen, *Bataille et le rire de l'être,* in Revue *Critique,* n° 488-489, éd. de Minuit, Paris, 1988, pp. 16 – 40.

[272] G. Bataille, *Conférences sur le Non-Savoir,* I, in *Œuvres Complètes,* éd. Gallimard, tome VIII, p. 218.

[273] G. Bataille, *L'expérience intérieure,* éd. Gallimard, collection "Tel", Paris, 1978, p. 106.

d'échapper au souci de ma suffisance»[274]. Il faut donc d'abord comprendre le sens de ce souci de se suffire à soi-même. Ce souci est le souci de l'existant (au sens étymologique de l'*ek-sistant*) qui ne cesse de se porter en avant de lui-même pour y trouver son être. L'horizon ultime de cette quête de soi en avant de soi *serait* la souveraineté, c'est-à-dire la plénitude de l'être qui n'a plus besoin d'autre chose au-delà de lui-même pour être ce qu'il est. Mais, de fait, cette souveraineté — c'est-à-dire cet achèvement de la course de l'existence, cette interruption de l'*ek-sistence* — n'est accessible que dans la mort. Or, dans ma mort, comme anéantissement de moi, je ne serai plus là pour jouir de la complétude de mon être. Autant dire que le souci de notre suffisance ne saurait nous distraire — Pascal disait: nous *divertir* — de «l'inanité de l'être que nous sommes»: «notre volonté de fixer l'être est maudite»[275]. Telle est la vérité tragique de l'homme; et cette vérité advient toujours dans l'angoisse, en tant que l'angoisse est, par essence, angoisse de rien, angoisse *du rien*. Tout homme peut alors reprendre à son compte le cri de désespoir du héros tragique: «*Mè phunai*»; "Puissé-je n'être pas né!"… Ce qui n'empêche pas qu'il puisse aussi en rire. Freud en administre la preuve éclatante: «"Ne jamais être nés, voilà l'idéal pour les mortels fils de l'homme!" — "Mais", ajoutent les sages des *Fliegende Blätter,* "c'est à peine si cela arrive à un sur cent mille"!»[276]…

Le rire advient ainsi en lieu et place de l'angoisse (ce n'est peut-être pas un hasard si, bien souvent, la crise d'angoisse se manifeste somatiquement par une suffocation asthmatique semblable aux spasmes du fou-rire). Et cette place est celle du *rien,* celle de notre *nullité,* celle de notre absence d'essence.

[274] *Ibid.*
[275] *Ibid.,* p. 107.
[276] Freud, *Le mot d'esprit…,* chapitre 1, p. 82.

«Le rire commun suppose l'absence d'une véritable angoisse, et pourtant il n'a pas d'autre source que l'angoisse»[277]. En effet, même sans le savoir, c'est bien ce *rien* qui est déjà engagé dans la plus simple facétie infantile. Car point n'est besoin d'être un Marcel Duchamp pour mettre des moustaches à la *Joconde*. Les enfants s'éclatent de rire à mettre des moustaches à un portrait: ils rient, parce qu'ainsi ils font déchoir l'autre (même un inconnu représenté dans une gazette) de l'être dans lequel il pensait pouvoir se fixer ou s'éterniser par le portrait peint ou photographié. Qu'est ce donc que cet homme anonyme que nous voyons marcher dans la rue et qui dans quelques instants va trébucher, déchaînant notre rire? Il marche, il s'avance vers quelque fin censée enrichir son être, il se porte en avant de lui-même…: il est la figure même de l'*ek-sistant*. Et nous rions de le voir chuter alors même qu'il se portait vers son être; nous rions de le voir exposé soudainement à l'inanité de ses efforts pour atteindre son être. Nous ne rions jamais que de la chute de l'*ek-sistant*, de la chute de celui qui se tend inutilement vers son être et qui se révèle ainsi n'être rien. La définition kantienne du rire pourrait trouver ici une autre pertinence: le rire résulte «de ce que la tension de notre attente s'évanouit soudain *en rien*»[278].

Encore faut-il préciser: si l'existant dont nous rions est toujours, plus ou moins secrètement, l'*ek-sistant* que nous sommes, c'est toutefois, le plus souvent, à travers un autre que nous rions ainsi de l'inanité de notre être. Le rire est ainsi une manière de sacrifice. Bataille explique, en effet, que le sacrifice vient de ce qu'un homme ne peut s'exposer lui-même sa propre mort. Il lui faut donc recourir au subterfuge du sacrifice pour se présenter sa mort à travers la mort d'un autre;

---

[277] G. Bataille, *L'expérience intérieure,* p. 113.

[278] Kant, *Critique de la faculté de juger,* §54, Remarque (Ak. V, 333); *op. cit.,* p. 159 (traduction modifiée).

de là le mélange d'angoisse et d'enthousiasme qui saisit le sacrificateur. De même, dans le rire — quoique sous une forme évidemment atténuée —, le rieur se présente l'inanité de son être à travers la *chute* d'un autre: «Ainsi *sacrifions*-nous celui dont nous rions, l'abandonnant sans nulle angoisse, à quelque déchéance qui nous semble légère (le rire, sans doute, n'a pas la gravité du sacrifice)»[279]. Et de même qu'une cérémonie sacrificielle implique la communauté des sacrifiants devant lesquels advient la présentation de la mort dans la victime, de même le rire implique la communauté des rieurs (la fonction essentielle du "tiers" dont parlait Freud) devant lesquels est exhibée la *déchéance* humaine à travers le "sérieux personnage" qui en fait les frais: «il faut au sacrifice non seulement des victimes, mais des sacrifiants; le rire ne demande pas seulement les personnages risibles que nous sommes, il veut la foule inconséquente des rieurs»[280]. Si l'être-en-commun des hommes est bien leur inanité ontologique, ils ne sauraient toutefois "communiquer" dans l'angoisse (sauf dans le cas du sacrifice); c'est dans le rire, en lieu et place de l'angoisse, que nous partageons notre être-sans-essence, notre absence d'être. Le rire est en quelque sorte notre véritable "sens commun"; de là «l'interattraction du rire»[281], sa puissance "communicative", qui emporte la communauté des rieurs dans un même flot: «Nous communiquons avec le monde illimité des rieurs. Mais nous communiquons sans angoisse, pleins de joie, imaginant ne pas donner prise nous-mêmes au mouvement qui disposera pourtant de nous, quelque jour, avec une rigueur définitive»[282].

---

[279] G. Bataille, *L'expérience intérieure*, p. 114.

[280] *Ibid.*, p. 115.

[281] G. Bataille, *Collège de sociologie* (22 janvier 1938), in *Œuvres Complètes*, tome II, pp. 311 – 312.

[282] *L'expérience intérieure*, p. 114.

Car on ne saurait non plus s'illusionner sur le rire lui-même. De même que le sacrifice n'est qu'un «subterfuge» et finalement «une comédie»[283], de même le rire ne nous fait pas accéder à notre souveraineté. Si c'est peut-être «un soulagement d'échapper au souci de ma suffisance»[284] en m'abandonnant au rire, toutefois ce soulagement n'est que passager; et surtout: le rire peut bien me faire échapper, un instant, au souci de ma suffisance; il ne me donne pas pour autant d'accomplir ce souci dans l'accession à la souveraineté[285]. La souveraineté serait de me présenter moi-même à moi-même

[283] G. Bataille, *Hegel, la mort et le sacrifice,* in *Deucalion* 5 (Cahiers publiés sous la direction de J. Wahl), éd. de la Baconnière, Neuchâtel, 1955, p 33. Cf. aussi bien le *«leurre»* dont parle Bataille dans l'une des dernières remarques de *La part maudite,* éd. de Minuit, Paris, 1967 (collection "Points", Paris, 1971, p. 247): «Si la conscience de soi est essentiellement la pleine possession de l'intimité, il faut revenir au fait que *toute possession de l'intimité aboutit au leurre.* Un sacrifice ne peut poser qu'une chose sacrée. La chose sacrée extériorise l'intimité: elle fait voir au-dehors ce qui en vérité est au-dedans. C'est pourquoi la conscience de soi exige finalement que, dans l'ordre de l'intimité, il ne se passe plus rien» (nous soulignons). De même le rieur — et notamment le faiseur de mots d'esprit — ne s'expose finalement qu'à l'extériorité du rire qui lui revient de la communauté des rieurs et non à la pure intimité de son (non-)être.

[284] *L'expérience intérieure,* p. 106.

[285] L'homologie entre le rire et le sacrifice ne concerne donc pas seulement la répartition des rôles (la distinction entre celui qui fait rire, celui dont on rit et la communauté des rieurs reprenant la distinction entre sacrificateur, victime sacrifiée et communauté des sacrifiants), mais aussi la logique de l'impossibilité ultime de la souveraineté. Le sacrifice touche lui-même à la limite de cette impossibilité, parce qu'on ne saurait entreprendre de rechercher l'exposition de soi-même à sa propre mort par l'exposition à et de la mort d'un autre sans se maintenir soi-même encore en vie par le «subterfuge». De même, le rire ne fait que passer à la limite de la souveraineté, mais sans l'atteindre; car il est impossible que je m'expose le néant que je suis tout en me conservant moi-même comme conscience de moi-même. Le rire et le sacrifice sont deux modes, strictement homologues, de

comme cette inanité d'être que je suis. Or cela est strictement impossible. Je ne puis me présenter ce non-être qu'à travers un autre (et même quand je ris de mes propres faiblesses ou défaillances, je me les représente comme si j'étais un autre, comme si j'étais du côté des rieurs en train de rire d'un autre). Je ne puis me présenter moi-même que comme autre. Et cet écart est au principe du rire. Car atteindre son propre être, même comme néant, ce serait se suffire à soi-même: ce qui serait le sérieux absolu. Il n'est donc pas pensable d'affirmer la souveraineté du rire sans le prendre au sérieux; ce qui serait déjà ne plus rire. Le rire ne peut tendre à la souveraineté qu'à la condition de la manquer. Et, de cela même, on peut encore rire, rire de ce rire qui ne peut que manquer sa fin, et rire de ce rire qui rit du rire.... Le rire est infiniment dérisoire. Il est ce qui nous fait approcher au plus près de la souveraineté, mais sans pour autant l'atteindre. Le rire n'est que le passage à la limite de la souveraineté; il ne saurait effacer la finitude. Il faut donc conclure: aucun dieu souverain n'a jamais ri; le rire — pour reprendre la formule de Baudelaire — est *profondément humain*. Le Dieu biblique est souverain, mais il ne rit pas. Seuls les dieux d'Homère laissent éclater leur rire; mais ils sont les dieux que les Grecs ont faits à leur image. Les hommes sont des dieux qui rient de leur impossible souveraineté, donc de leur impossible divinité.

*   *

*

"l'expérience limite", qu'il faut donc bien entendre comme expérience à la limite de (l'impossibilité de) la souveraineté. Sur la logique de cette limite dans le cas du sacrifice, on permettra cette référence: B. Baas, *Le sacrifice et la loi*, in *Le désir pur, op. cit.,* pp. 120 – 161.

Le rire inextinguible

Assurément Platon ne pouvait accepter que fût à ce point flétrie l'idée qu'il se faisait de la divinité, en tant qu'image de la souveraineté suprasensible à laquelle aspire le philosophe. Aussi bien lui fallait-il condamner et le rire et les rieurs. Il n'ignorait pourtant pas — l'ironie de Socrate le lui avait appris — que le rire fût aussi un moyen d'ébranler l'orgueil suffisant des petits maîtres de la cité. Cette fonction correctrice du rire suffisait peut-être à Bergson pour ramener le rire à sa dimension essentiellement sociale: le rire est une manière de stigmatiser ce qui, dans un comportement ou une manière de penser, procède d'une automaticité contraire à la souplesse et l'élasticité propres à la vie. Mais c'était encore réduire le rire à des coordonnées éthico-sociales. Autant dire — comme les moralistes n'y ont pas manqué — que le rire est aussi toujours une forme d'humiliation d'autrui, par laquelle nous croyons gagner pour nous mêmes une supériorité. Tel est le fond mesquin et illusoire de la moquerie. C'est pourquoi aussi bien la doctrine de l'Église que la psychologie classique pouvaient condamner cette part railleuse du rire comme une bassesse de l'âme. La puissance du rire est puissance de mal.

Reste que la moquerie n'est pas tout le rire, ni même sa part essentielle. Car le rire est d'abord le plaisir que prend l'esprit à jouer avec ses propres règles. Plaisir pris à une soudaine inadéquation du concept et de l'intuition, comme l'affirme Schopenhauer; plaisir désintéressé de jouer librement avec les pensées, comme le montre Kant. Mais, dans tous les cas, plaisir de court-circuiter astucieusement un raisonnement pour faire surgir, de manière inattendue, un sens dans le non-sens. Le rire n'est pas un mal; il est au contraire le signe d'une vitalité de l'esprit; quelque chose comme une "*faveur de la nature*" — et même, disait Kant, pour la santé.

Mais reconnaître — enfin — la positivité du rire, ce n'était pas encore en discerner la puissance d'excès. Pour cela, il fallait oser affronter la part obscure du *spirituel*. Ce n'est pas le moindre mérite de Freud que d'avoir traqué, sans relâche, dans les détours du psychisme inconscient, les mécanismes de formation du mot d'esprit. Mais la description de la technique du mot d'esprit — si *spirituelle* qu'elle fût elle-même sous la plume de Freud — ne pouvait suffire à rendre compte du rire comme tel. Il fallait encore montrer que l'enjeu de l'*esprit* — comme sans doute aussi du comique et de l'humour — est la transgression de ce qui fait clivage dans le psychisme, entre conscient et inconscient. Et le plaisir qui accompagne cette transgression advient comme manifestation somatique: l'éclat de rire, qui signe la réussite de l'*esprit,* en est le couronnement. C'est le rire de l'autre — du *tiers* — qui authentifie la puissance transgressive de l'*esprit* et réalise véritablement la libre décharge de l'énergie psychique, pour la plus grande jubilation des rieurs. Rire de l'Autre, précisera Lacan, bien qu'il fût singulièrement embarrassé par le phénomène du rire comme tel. Pourtant, la voix qui s'exalte dans le rire est bien ce qui reste de l'Autre lorsqu'est franchi le plan de l'articulation signifiante. C'est la voix-*objet,* reste d'une jouissance toujours-déjà et à jamais perdue, qui revient au sujet comme voix séparée, sous la forme de la «voix inarticulée et éclatante» qu'est le rire de l'Autre.

On ne saurait toutefois négliger la part de dérision inhérente au rire. Car nous rions toujours de quelque chose: d'un autre ou de nous-mêmes; ou, le plus souvent, de nous-mêmes à travers un autre. La moquerie n'est pas nécessairement humiliation d'un autre; elle est, plus généralement — quoique plus secrètement — moquerie de soi-même, moquerie de l'infirmité humaine que nous partageons avec les autres. Le rire tourne en dérision les illusions par lesquelles nous croyons corriger notre faiblesse. Et, pour autant qu'elle vise l'humanité en général, cette dérision n'induit plus une supériorité relative gagnée aux dépens d'autrui, mais une supériorité absolue. Le rire atteint alors à la souveraineté. C'est ce rire souverain que Nietzsche opposait aux illusions débilitantes de la métaphysique. C'est le rire divin du surhomme qui affirme joyeusement les contradictions tragiques. S'exposer à soi-même sa finitude et savoir en rire, voilà la souveraineté. Mais alors cette souveraineté du rire est aussi ce qui en révèle le fond «satanique»: car si rire, comme l'expliquait Baudelaire, c'est railler la contradiction essentiellement humaine entre grandeur infinie et misère infinie, alors rire est toujours rire de la finitude qui devrait pourtant rappeler l'homme à l'humilité et le faire se tourner vers Dieu. Le rire souverain est le suprême orgueil de l'homme qui croit pouvoir se passer de Dieu — tout au moins du Dieu qui ne rit pas —. Rire en effet satanique; rire littéralement *diabolique* puisqu'il défait le lien entre l'homme et Dieu. Est ainsi révélée la signification ontologique du rire: l'homme rit de l'inanité de son être, c'est-à-dire — comme seul Bataille aura su le penser — de cela même qui devrait l'exposer à l'angoisse. L'homme est le seul animal qui rit, parce qu'il est aussi le seul animal qui sait qu'il va mourir: le rire transforme l'angoisse du *rien* en une joie supérieure.

Pour autant, cette supériorité n'est pas la souveraineté accomplie. Si le rire peut être dit sublime, c'est seulement au sens où il se tient juste sous la limite (*sublimes*) qui sépare la finitude et la souveraineté: il n'est que passage à la limite de la souveraineté. Car il ne nous est pas donné de pouvoir nous présenter à nous-mêmes notre être, même comme notre propre néant; il ne nous est pas donné de nous arracher à notre finitude pour nous élever à la divinité. Il ne nous est donné que de rire *de* et *dans* la finitude, c'est-à-dire de rire *de* et *dans* cet écart qui nous maintient toujours à distance de notre être. Et ce rire est en effet inextinguible — comme le rire des dieux d'Homère — parce que la finitude est indépassable, parce que la finitude est infinie, infiniment tragique et infiniment comique...

> «Car le privilège des dieux et des hommes, c'est le rire,
> issu, à l'aube des temps, du dieu qui s'est reconnu lui-même,
> en une muette intuition, issu de sa prescience,
> de la prescience de sa propre destructibilité,
> de la prescience que la création est destructible.
> [...]
> oh! naissance des dieux et naissance des hommes,
> oh! mort des dieux et mort des hommes,
> oh! leur origine et leur fin à tous deux à jamais entremêlées,
> oh! le rire est issu de la conscience de la non-divinité des dieux,
> de cette conscience commune à l'homme et au dieu,
> il est issu de cette zone inquiète, d'une inquiétante transparence,
> cette zone de communion étendue par les démons entre l'autre monde et le nôtre,
> afin qu'en elle, dans cette zone crépusculaire des démons,
> le dieu et l'homme puissent se rencontrer et qu'ils se rencontrent...».

Herrmann Broch, *La mort de Virgile*[286].

* * *

(286) H. Broch, *La mort de Virgile,* II, traduction A. Kohn, éd. Gallimard, Paris, 1955, pp. 120-121.

REMERCIEMENTS

Cet ouvrage est issu d'un travail entrepris avec mes élèves de khâgne, au lycée Fustel de Coulanges à Strasbourg, en janvier 2001, et poursuivi sous forme d'un séminaire d'études doctorales avec les étudiants et les professeurs de la Faculté de Psychologie de l'Université d'État de Rio de Janeiro, en octobre de la même année. Que les uns et les autres acceptent mes remerciements pour leur accueil attentif et leurs questions exigeantes.

PRINTED ON PERMANENT PAPER • IMPRIME SUR PAPIER PERMANENT • GEDRUKT OP DUURZAAM PAPIER - ISO 9706

N.V. PEETERS S.A., WAROTSTRAAT 50, B-3020 HERENT